L'ART DES BOUQUETS

L'ART DES BOUQUETS

FIONA BARNETT

Sélection Champagne inc.

Édition originale en Grande-Bretagne par Lorenz Books
sous le titre
The complete guide to flower arranging (Practical Handbook)

Éditrice : Joanna Lorenz
Responsable du projet : Linda Doeser
Maquette : Nigel Partridge
Photographies : Debbie Patterson
Photographie principale de couverture : I. Terestchenko/Inside

Traduction : Christine Piot

Cet ouvrage a déjà été publié en grand format sous le titre: :
L'art des bouquets

ISBN 2-84198-146-0
Dépôt légal : avril 2000

Imprimé en Chine

Distribué par
Sélection Champagne Inc.
Montréal, Québec
(514) 595-3279

SOMMAIRE

INTRODUCTION

De l'opulente corbeille la plus sophistiquée au bouquet le plus modeste, tout arrangement floral nécessite soin et réflexion. Les pages qui suivent sont consacrées au choix des couleurs, à l'équilibre des masses, à la notion d'échelle et de proportion, ainsi qu'aux soins à apporter aux fleurs, au matériel nécessaire et à l'introduction de fruits et de légumes dans les compositions florales.

Ci-contre : Ces tulipes, magnifiquement disposées, sont visibles de tous côtés.

Ci-dessous : Le pôle d'attraction de cet arrangement est un grand Banksia cookinea

L'Équilibre des Masses

Tant sur le plan de la stabilité que de l'harmonie visuelle, un équilibre est à respecter. En effet, le premier impératif qui s'impose quand on entreprend un arrangement floral est d'en assurer la stabilité. Il convient, pour cela, d'en bien comprendre l'organisation, de tenir compte des propriétés et des dimensions des différents éléments employés, de leurs positions respectives, et des qualités du récipient. Chaque combinaison a ses propres règles.

Un gros bouquet destiné à reposer sur un socle nécessite un récipient lourd et bien stable. Les différents éléments devront se répartir régulièrement autour de lui et le poids se situer le plus bas possible. Il faut dans ce cas éviter les longues fleurs ou feuilles qui risqueraient de déséquilibrer l'ensemble.

Un ornement de cheminée pose un problème particulier car les tiges tombantes risquent de le faire basculer. Prenez un vase lourd, et plongez-y les tiges le plus profondément possible.

Vérifiez l'équilibre de votre bouquet au fur et à mesure de son élaboration.

Visuellement, l'équilibre d'un arrangement floral repose sur l'harmonie des couleurs, des proportions agréables et la création d'un pôle d'attraction.

Ce pôle d'attraction est un point qui retient davantage le regard, à partir duquel toute la composition paraît rayonner. Sa position varie en fonction de la composition du bouquet mais il se situe généralement à proximité du centre. C'est là que seront réunies les couleurs les plus vives et les formes les plus remarquables.

Envisagez toujours votre composition florale selon les trois dimensions, sans négliger la partie arrière ni les côtés : ce n'est pas difficile à concevoir pour un bouquet posé sur un socle, mais ça l'est davantage quand il s'agit d'une composition à placer contre un mur, à laquelle il faudra donner de la rondeur et de la profondeur, en échelonnant les éléments à partir du pôle d'attraction.

En somme, l'équilibre résulte de l'intégration des différents facteurs visuels au sein de l'arrangement floral. Avec un peu d'expérience, vous y parviendrez aisément.

Ci-dessous : Le bouquet de mariée doit être proportionné à la personne qui le porte.

L'Échelle et les Proportions

Il convient de considérer l'échelle des éléments qui vont composer le bouquet.

Pour que celui-ci soit agréable à regarder, il faudra que les diverses fleurs utilisées ne soient pas de tailles totalement différentes. Il serait, par exemple, difficile d'accorder une amaryllis avec un brin de muguet.

Le feuillage devra également être en harmonie avec les fleurs qui devront l'être avec le récipient, et l'ensemble conçu à l'échelle de la pièce environnante. Dans un lieu public, il faut veiller à ce que le bouquet soit suffisamment important pour attirer l'attention. Sur une table de chevet, en revanche, quelques fleurettes dans un petit vase suffisent.

Des proportions justes impliquent une relation entre la hauteur, la largeur et l'épaisseur d'un arrangement floral. À cet égard, il convient de respecter quelques règles de base.

❖ Dans un bouquet lié, la longueur des tiges, en dessous du point d'attache, doit représenter environ un tiers de la hauteur totale de la composition.

❖ Dans un bouquet de mariée, le pôle d'attraction se situera à peu près au tiers de la longueur totale, en partant du bas.

❖ Sur un socle, le pôle d'attraction se situera aux deux tiers de la hauteur totale, à partir du sommet.

❖ La hauteur d'un vase contenant par exemple, de grands lis, représentera environ un tiers de celle des fleurs.

❖ Le pôle d'attraction d'un ornement floral se situera à environ un tiers de la hauteur totale, en partant du bas.

L'essentiel n'est pas d'appliquer ces règles à la lettre, mais de les garder en mémoire afin de développer ses propres facultés d'appréciation.

L'Harmonie Colorée

La réussite ou l'échec d'un arrangement floral dépend avant tout des rapports de tons et, pour décider d'une gamme colorée, plusieurs critères sont à considérer.

Même si beaucoup ont, d'instinct, le sens des couleurs, un peu de théorie n'est pas inutile. Ainsi le rouge, le bleu et le jaune sont les trois couleurs primaires dont sont constituées toutes les autres. Le rouge, l'orange et le jaune sont des couleurs chaudes qui excitent l'œil, tandis que le vert, le bleu et le violet sont des tons froids, visuellement plus apaisants.

En règle générale, plus un ton est chaud, vif et lumineux, plus il aura tendance à dominer. On rencontre aussi très souvent le blanc (techniquement, l'absence de couleur).

À l'inverse, plus une couleur est sombre et froide, plus elle tend visuellement à s'effacer. Il ne faut pas oublier cette notion lors de la création de grands bouquets destinés à être vus de loin : les bleus et les violets, notamment, peuvent disparaître au milieu des autres couleurs.

On obtient généralement un équilibre satisfaisant quand on place les couleurs les plus éclatantes et les plus vives près du centre, et les teintes plus pâles ou plus délicates en bordure.

À présent que vous disposez de ces données de base, vous pourrez vous montrer plus audacieux dans le choix des couleurs. Associer des tons crème avec du blanc, ou du rose avec du mauve, ne présente aucun risque. Mais osez donc des mélanges d'orange et de violet, de jaune et de bleu, et même de jaune et de rose : vos bouquets n'en seront que plus éclatants.

Ci-dessus : Une branche noueuse sert de « tronc » original à cet arbre séché.

En haut à gauche : Ces lourdes grappes de lilas blanc ressortent bien sur les branches plus sombres de saule et de cerisier.

Ci-dessus : Ces éclatantes fleurs de tournesol s'accordent admirablement avec les branches sinueuses du noisetier.

Ci-contre : Les verts, les jaunes et les mauves naturels de ces plantes se marient bien.

RÉCIPIENTS

• • •

Il existe une large gamme de vases parfaitement adaptés à leur usage, de récipients très pratiques, mais de très nombreux autres objets peuvent soudain se révéler dignes d'intérêt aux yeux du créateur de bouquets. Ainsi, un vieux broc, une théière, une carafe privée de son anse, ou encore une boîte métallique originale, un seau, un pot de confiture peuvent, eux aussi, servir de contenant.

N'oubliez pas que si le récipient est destiné à recueillir des fleurs fraîches, il doit être étanche ou correctement imperméabilisé. Choisissez sa taille en fonction du type de fleurs que vous désirez y mettre, et du résultat souhaité.

Le récipient n'est pas nécessairement visible, il peut aussi être masqué et disparaître ou, au contraire, faire partie intégrante de l'arrangement ornemental.

Moules à Gâteau (Plats à Gratin)

Outre les habituels moules ronds ou rectangulaires, il en existe en forme de cœur, d'étoile, de trèfle, de carreau, de pique, destinés à préparer toutes sortes de gâteaux de formes amusantes : ils feront d'excellents récipients.

Ces moules conviennent tout spécialement à la création de coussins floraux, de fleurs fraîches ou séchées. N'omettez pas de protéger le métal contre la rouille, si nécessaire.

Paniers

Les paniers faits de matériaux naturels sont parfaits pour les arrangements rustiques et plutôt dépouillés. Mais il en existe de très divers qui peuvent convenir à des arrangements de styles différents.

Les grands paniers conviennent aux ornements de table ou aux arrangements statiques.

Les petits paniers à anse serviront,

Ces têtes de fleurs séchées, massées dans un moule à gâteau, sont du plus bel effet.

eux, pour les bouquets de mariée ou les petits cadeaux fleuris.

Certains paniers traditionnels en osier sont aussi parfumés : ils sont confectionnés avec des brins de lavande ou d'herbes aromatiques tressées.

Les paniers en métal ou en fil de fer offrent d'autres possibilités ornementales que ceux faits en osier ou en fibres végétales. On peut, en effet, les modeler suivant des formes très variées, éventuellement de style plus moderne.

Urnes en Fonte

D'un coût plus élevé que beaucoup d'autres récipients, une urne en fonte est toutefois un bon achat, car elle permet de composer de superbes arrangements floraux. Tant pour les gros bouquets aux fleurs retombantes que pour les compositions plus modernes ou linéaires, l'élégance de son galbe apporte le contrepoint visuel idéal.

Naturellement, le poids de l'urne en fonte n'est pas à négliger. S'il constitue un avantage pour la composition d' un gros bouquet, son déplacement devient ensuite un problème !

Récipients Émaillés

Les récipients émaillés présentent incontestablement le grand avantage d'offrir de belles couleurs. Leurs tons vifs se marient agréablement à ceux des fleurs, pour créer des arrangements éclatants.

Seaux et Brocs en Métal Galvanisé

Ces sortes de récipients ont l'avantage de ne pas rouiller. Tant pour les fleurs fraîches que séchées, leur belle surface gris satiné s'accorde merveilleusement avec un ornement de style moderne.

Aujourd'hui, les récipients en métal galvanisé offrent des formes très variées, mais ceux d'autrefois sont également pleins de charme.

Vases en Verre

Le vase en verre est sans doute le premier objet qui vienne à l'esprit

Les proportions de ce bouquet mettent en valeur l'élégance de l'urne.

quand on entreprend de composer un bouquet.

De fait, il en existe de toutes les tailles et de formes extrêmement variées. Leur sobriété autorise toutes les fantaisies.

Cependant, le vase en verre blanc doit rester parfaitement propre. Il impose de changer très régulièrement l'eau des fleurs. Elle joue, en effet, un rôle essentiel dans l'arrangement floral car il est peu esthétique de voir les tiges baignant dans une eau trouble.

Il existe aussi des vases en verre dépoli, coloré, travaillé, taillé, tous très intéressants pour le créateur de bouquets.

Pichets

Le pichet est un vase idéal. En céramique, en verre, en métal émaillé ou galvanisé, petit, haut, mince ou pansu, quelles que soient sa forme et sa couleur, il offre de multiples possibilités.

Selon le pichet choisi et les éléments réunis, l'arrangement floral peut être plus ou moins sophistiqué, luxueux ou, au contraire, sobre ou rustique.

Assortiment de divers récipients utilisables pour les compositions florales : il en existe d'innombrables.

Supports en Mousse Synthétique

Propres et très pratiques, les supports en mousse synthétique existent dans une large gamme de formes, dans des dimensions variées, telles que cercles, anneaux, croix, rectangles et même étoiles, chiffres, cœurs et petits oursons. Ces supports sont constitués de mousse absorbante fixée sur un fond étanche. On en trouve également pour les fleurs séchées.

Bien que malheureusement souvent associés aux couronnes mortuaires, ces supports en mousse synthétique présentent un grand intérêt pour le créateur de bouquets.

Pots de Fleurs en Terre Cuite

Traditionnels ou modernes, les pots de fleurs peuvent parfaitement convenir à un arrangement floral.

Si celui-ci repose sur un bloc de mousse, pour éviter que l'eau ne le transperce, tapissez l'intérieur du pot avec du papier Cellophane ou une feuille de plastique avant d'y mettre la mousse.

Ces pots peuvent très facilement être embellis à la feuille d'or, ou simplement à l'aide de craies de couleur ou de motifs imprimés.

On peut aussi les vieillir en les badigeonnant de lait caillé, ce qui favorise le développement de mousses à la surface.

Bacs et Caisses de Jardinier en Bois

Les caisses de jardinier anciennes et les bacs à semis constituent des récipients très pittoresques. Leur aspect rustique s'accorde bien aux arrangements naturels et champêtres, dans lesquels la texture du contenant est très importante. Une couche de peinture mate métamorphosera l'aspect d'un vieux caisson en bois.

Bien sûr, si l'on veut le garnir de fleurs fraîches ou de plantes, il faudra tapisser le bac d'un matériau imperméable.

MATÉRIEL

Au début, il n'est pas utile de disposer de beaucoup de matériel pour composer un bouquet. Mais à mesure que l'on prend conscience des multiples possibilités d'arrangements qui existent, certains outils et matériaux se révèlent indispensables. On trouvera ici la liste de ceux qui sont nécessaires à la réalisation des compositions florales proposées dans cet ouvrage.

Cellophane ou Feuille de Plastique

Le papier Cellophane qui enveloppe un bouquet donne immédiatement à quelques modestes fleurs le charme d'un cadeau. Comme isolant imperméable au fond d'un récipient, la feuille de plastique est plus fonctionnelle, et elle est aussi très jolie entortillée autour d'une tige dans un vase rempli d'eau.

Colle Florale Liquide

Cette colle très poisseuse se vend en bidon. C'est l'ancêtre de la colle en pistolet, fondue à chaud. Elle sert à fixer des éléments tels que le ruban en matière synthétique qui ne résisterait pas à la chaleur du pistolet à colle.

Ruban Adhésif de Fleuriste

Ruban adhésif très résistant, employé pour fixer solidement le morceau de mousse au fond du récipient. Bien qu'il soit très efficace, évitez de le mouiller avant de le mettre en place.

Mousse Synthétique

La mousse synthétique se présente sous des formes très variées et selon différentes densités et dimensions. Elle s'utilise pour les fleurs fraîches comme pour les fleurs séchées. Le bloc rectangulaire est la forme la plus utilisée, mais d'autres se prêtent à diverses variantes.

Avant de commencer, vérifiez que vous disposez bien de tous les éléments nécessaires.

La mousse est un matériau léger, très facile à manipuler, qui se découpe simplement au couteau. La mousse synthétique spéciale pour les fleurs fraîches absorbe l'eau très rapidement (environ 1 à 2 minutes), mais il ne faut pas la remouiller car elle se détériorerait. La mousse spéciale pour les fleurs séchées peut sembler trop dure pour recevoir certaines tiges de fleurs, mais elle existe aussi sous une forme plus molle. Pensez-y avant de commencer votre composition.

Ciseaux de Fleuriste

L'outil essentiel du créateur de bouquets est la paire de ciseaux, solide et bien affûtée. Ces ciseaux doivent être suffisamment robustes pour couper des tiges ligneuses et même, éventuellement, du fil de fer.

Ruban de Fleuriste Floratape (pour Habiller les Tiges)

Ce ruban n'est pas adhésif, mais la chaleur des doigts le colle le long de la tige à mesure qu'on l'enroule autour de celle-ci.

Ce ruban sert à masquer les fils de fer et à obturer l'extrémité des tiges.

Il est soit en plastique, soit en papier crépon et peut s'étirer en s'amincissant. Généralement vert pour les fleurs fraîches, il existe aussi en d'autres couleurs.

Fil de Fer de Fleuriste

Le fil de fer sert à consolider, à maintenir en place ainsi qu'à prolonger les tiges qu'il remplace parfois pour alléger le poids du bouquet. On en vend en diverses longueurs. Pour la plupart des projets présentés dans cet ouvrage, on se servira de fil de 36 cm (14 po) de long. Choisissez-le le plus léger possible, mais suffisamment robuste. Voici les grosseurs les plus usitées :

1,25 mm (18 g)	0,28 mm (31 g)
0,90 mm (20 g)	0,24 mm (32 g)
0,71 mm (22 g)	*Fil d'argent*
0,56 mm (24 g)	*(ou de cuivre) :*
0,46 mm (26 g)	0,56 mm (24 g)
0,38 mm (28 g)	0,32 mm (30 g)
0,32 mm (30 g)	0,28 mm (32 g)

Conservez les fils de fer dans un endroit sec où ils ne rouilleront pas.

Gants

Les gants peuvent être gênants pour certaines manipulations, mais il faut pourtant, autant que possible, se protéger les mains, notamment pour toucher les tiges épineuses et éviter que la sève irrite la peau. Gardez à disposition une paire de gants de caoutchouc et une autre paire pour les gros travaux de jardinage.

Pistolet à Colle

Le pistolet à colle est un appareil électrique, garni d'un bâton de colle qui fond à la chaleur. Il permet d'appliquer de la colle par simple pression du bouton. C'est un instrument relativement nouveau, très pratique pour coller différents éléments proprement et sans difficulté.

La colle et l'extrémité du pistolet étant extrêmement chaudes, il convient de ne pas le laisser brancher sans surveillance.

Ruban de papier

Le ruban de papier peut remplacer le ruban en tissu synthétique ou en satin. Il en existe une large gamme de coloris, essentiellement dans les tons pastel. Coupez la longueur voulue et aplatissez-le avant de le nouer.

Pique-fleurs

Le pique-fleurs est un disque de métal d'environ 2 cm d'épaisseur (3/4 po) recouvert de pointes de métal d'environ 3 cm de haut (1 1/4 po). On en trouve de différentes tailles.

On place le pique-fleurs dans l'eau et les tiges des fleurs sont maintenues droites grâce aux pointes. Le pique-fleurs fait contrepoids et empêche les tiges de retomber. C'est un objet idéal pour la composition d'ikebana ou de bouquets de branches.

Raphia

Le raphia est une fibre naturelle qui peut servir de ruban ou de ficelle pour lier un bouquet arrangé à la main, une composition en spirale, ou pour attacher des gerbes de fleurs fraîches ou séchées en guirlandes et en grappes. Il peut aussi servir à compléter un décor floral plus important.

Contentez-vous, au début, des quelques outils indispensables

Enlève-épines

Ce petit instrument très ingénieux est indispensable pour manipuler les roses épineuses. Refermez les mâchoires dentelées et passez l'appareil le long des tiges qu'il dépouillera de toutes leurs épines et feuilles. Il comporte également une lame qui permet de recouper en biais l'extrémité des tiges.

Ruban de satin

Existe en une large gamme de différents coloris et largeurs. Il donne à un bouquet une note de raffinement supplémentaire.

Le satin est plus beau que le tissu synthétique, ses reflets sont plus doux. Le seul inconvénient est qu'il s'effiloche.

Sécateurs

Nécessaires pour couper les branches et les tiges plus épaisses ou dures.

Manipulez ciseaux et sécateurs avec précaution et ne les laissez pas à la portée des enfants.

Fil et ficelle

Indispensables pour attacher une gerbe ou une guirlande à un montant de porte ou à une grille.

Grillage

Si la mousse synthétique permet aujourd'hui une très grande flexibilité, le grillage a toujours sa place dans le matériel du créateur de bouquets.

Dans le cas de compositions florales importantes, il permet de consolider la mousse synthétique et, si celle-ci doit recevoir de très nombreuses tiges de fleurs, il évite qu'elle ne s'émiette. Le grillage se présente en rouleau et se coupe dans le sens de la largeur. Après l'avoir un peu froissé, on le plie tout autour du morceau de mousse, puis on le fixe avec du ruban adhésif.

TECHNIQUES

• • •

HABILLAGE

On habille les tiges et les fils de fer avec du Floratape, et ce pour trois raisons : les fleurs montées sur fil de fer ne peuvent plus absorber d'eau et le ruban maintient l'humidité intérieure de la plante ; de plus, le Floratape cache le fil de fer, ce qui donne un aspect plus naturel à cette fausse tige ; enfin, les fleurs séchées montées sur fil de fer sont maintenues par le Floratape pour éviter qu'elles ne glissent hors de leur support.

1 Tenez la fleur montée sur fil de fer vers le haut, entre le pouce et l'index d'une main, ainsi que l'extrémité d'un morceau de Floratape. De l'autre main, maintenez ce Floratape tendu à 45° par rapport au fil de fer. Puis tournez lentement la fleur entre les doigts tout en enroulant le Floratape autour du fil de fer, en commençant par le bout de tige qui le surmonte. Maintenu tendu, le Floratape s'amincit. À chaque tour, il recouvre une partie de l'enroulement précédent. Vous pouvez insérer ainsi plusieurs boutons de fleurs, à différentes hauteurs. Un peu avant l'extrémité du fil de fer, terminez en repliant l'extrémité de Floratape sur elle-même.

FABRICATION D'UN TUTEUR

1 Réunissez quatre fils de fer de 0,71 mm, en les échelonnant de telle sorte qu'ils dépassent les uns des autres de 3 cm (1 1/4 po).

Commencez par les envelopper dans du Floratape puis, quand l'extrémité du premier fil de fer est atteinte, ajoutez-en un autre de même grosseur au bout. Continuez à les envelopper de Floratape. Procédez de même à la fin du deuxième, puis du troisième, etc., jusqu'à la hauteur souhaitée.

SUPPORT SIMPLE

Pour les fleurs à tige forte ou pour les arrangements qui ne nécessitent pas de double fil de fer.

1 Tenez les fleurs ou les feuilles entre le pouce et l'index d'une main, les fleurs vers l'extérieur.

Glissez un fil de fer de la grosseur et de la longueur requises derrière les petits bouts de tiges, à environ un tiers de leur extrémité. Repliez vers l'avant ce fil de fer en veillant à ca que l'une des extrémités soit plus courte que l'autre.

Tenez l'extremité courte parallèment aux tiges, et enroulez plusieurs fois la grande longueur autour des tiges et de ce petit rabat. Tendez bien le fil de fer. Habillez-le de Floratape.

SUPPORT DOUBLE

Se confectionne de la même façon que le support simple, mais en pliant le fil de fer par le milieu en deux longueurs égales.

1 Tenez la fleur ou la feuille entre le pouce et l'index d'une main, la fleur vers l'extérieur. Glissez un fil de fer de la grosseur et de la longueur souhaitées derrière la tige, à environ un tiers de sa hauteur, en partant de l'extrémité. Rabattez le long de cette tige environ un tiers de la longueur du fil de fer qui est donc deux fois plus long de l'autre côté.

Enroulez la longue extrémité de fil de fer autour du petit rabat et de la tige. Puis étirez les deux bouts de fil de fer désormais de même longueur.

MONTAGE

L'opération consiste à prélever de petites fleurs pour les monter séparément sur fil de fer. Elle permet de créer des compositions complexes à partir de plantes de petite taille.

1 Pliez en deux un fil d'argent et tortillez-le légèrement en dessous de la pliure pour former une petite boucle.

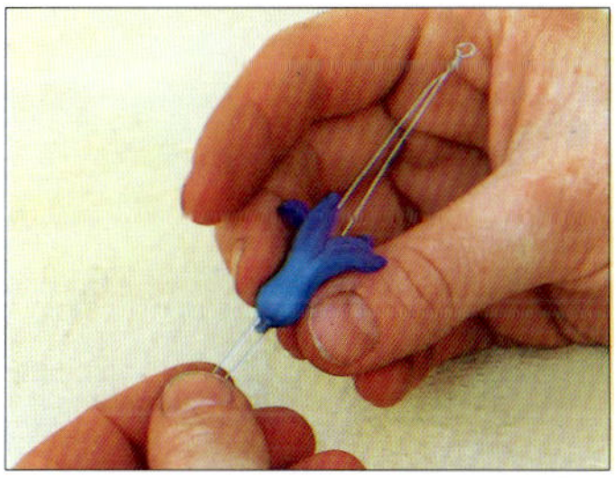

2 Enfilez les deux extrémités de fil dans la fleur, par le haut et en son milieu, et ressortez-les à la base.

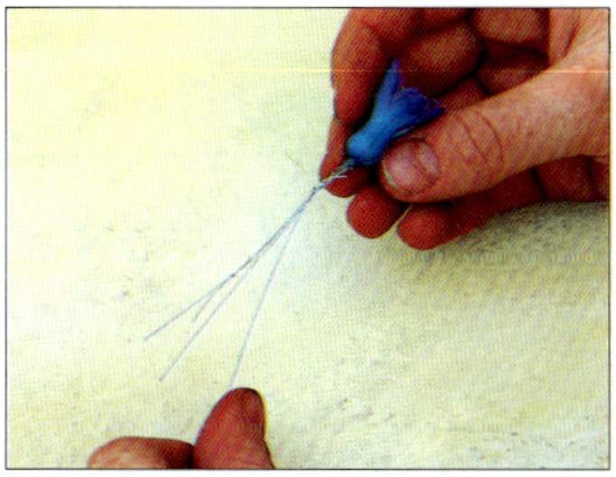

3 Avec d'autres morceaux de fil d'argent, doublez ce support. Entourez de Floratape.

Assemblage

Montage réunissant plusieurs éléments d'une plante. Un assemblage de petites fleurs peut s'insérer dans une garniture de robe, un décor de peigne ou, avec des fleurs plus grosses, dans un bouquet de mariée monté sur fil de fer.

Les assemblages ne devraient comporter que des éléments d'une même plante. Pour de petits assemblages, montez sur fil de fer et habillez chaque fleur, bouton de fleur ou feuille.

Prenez la fleur la plus petite, puis ajoutez, en dessous, une fleur un peu plus grosse en réunissant leurs deux tiges de fil de fer avec du Floratape. Échelonnez ainsi les fleurs les unes derrière les autres, par ordre croissant de taille.

Pour former des assemblages de grosses fleurs, il faudra éventuellement doubler les tiges de fil de fer avec du fil de grosseur suffisante avant de les habiller de Floratape.

Prolongement d'une Tige

Certaines fleurs à tige courte ou trop fragile peuvent nécessiter le renforcement ou l'allongement de leur tige : deux méthodes existent.

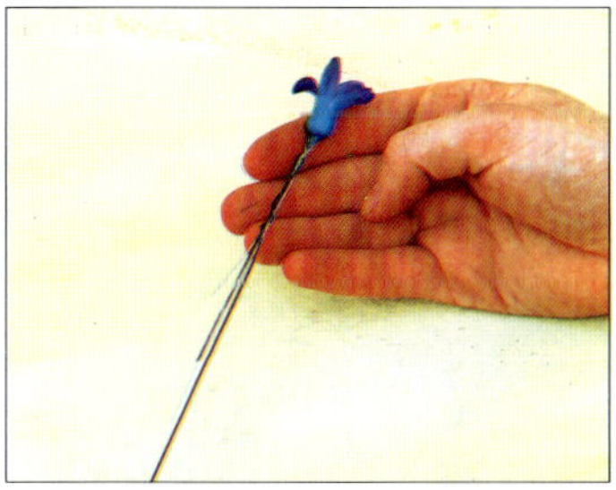

Montez la fleur sur un fil de fer de grosseur suffisante. Puis renforcez celui-ci avec un support simple de fil de fer de 0,71 mm d'épaisseur, et réunissez les fils et l'éventuelle tige naturelle avec du Floratape.

Ou bien, enfilez un morceau de fil de fer de 0,71 mm dans la fleur, par le bas. Introduisez à angle droit une tige de fil d'argent de 0,38 mm. Pliez celle-ci en deux, de sorte que ses extrémités se retrouvent parallèles au fil de 0,71 mm. Enroulez l'une de ces extrémités autour du fil de 0,71 mm et de l'autre tige de fil d'argent. Habillez le tout de Floratape.

Montage sur Fil de Fer d'une Fleur Large

Technique qui convient aux grandes fleurs d'amaryllis, de lis ou aux tulipes, ainsi qu'aux petites fleurs

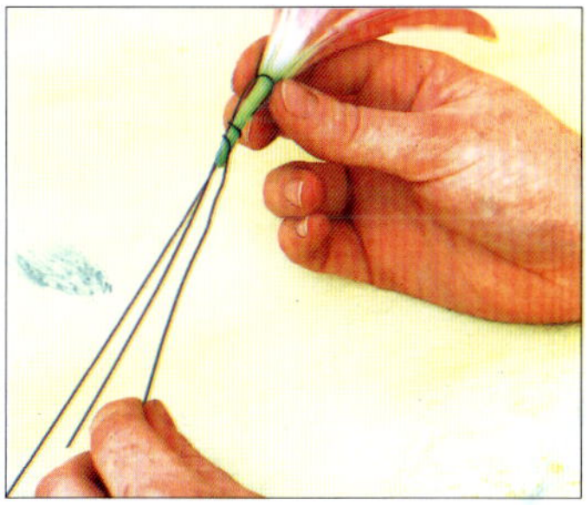

fragiles ou à tiges creuses comme les anémones ou les renoncules.

Coupez la tige de la fleur à environ 4 cm (1 ½ po) de longueur. Enfilez un fil de fer de 0,71 mm dans l'extrémité de la tige et dans la base de la fleur. Renforcez cette tige et ce fil de fer d'un support double. Habillez le tout de Floratape.

Le fil de fer enfilé à l'intérieur de la tige la renforce et le double support soutient le poids de la fleur.

Montage de Boutons de Rose

Les roses ont des tiges naturelles assez épaisses et ligneuses que l'on doit, pour les insérer dans une boutonnière, une coiffure ou un ornement vestimentaire, remplacer par des fils de fer.

Coupez la tige de la rose à environ 3 cm de longueur (1 ¼ po).

Enfilez l'extrémité d'un fil de fer de 0,71 mm en travers du calice de la fleur, que vous tenez délicatement entre le pouce et l'index d'une main . Enroulez le fil plusieurs fois autour et le long de la tige. Étirez le bout de fil pour prolonger la tige naturelle. Habillez tige et fil de fer de Floratape.

Montage de Fruits et de Légumes

Pour insérer des fruits ou des légumes dans des guirlandes et des couronnes, ou bien pour les fixer sur des supports en mousse synthétique, il faut tout d'abord les monter sur fil de fer. La

méthode à adopter dépend des propriétés de l'élément à intégrer et de sa place dans la composition. Les fruits et les légumes lourds comme les oranges, les citrons, les têtes d'ail, nécessitent l'emploi d'un solide fil de fer de 0,71 mm ou même de 0,90 mm. Un premier fil traverse le fruit de biais, légèrement au-dessus de sa base. Puis on enfile un autre fil perpendiculaire au premier et l'on rassemble les quatre extrémités de tiges vers le bas.

Selon la manière d'insérer le fruit ou le légume, on coupera les quatre tiges de fil de fer à la longueur nécessaire, ou bien on les tortillera en une seule tige.

Les fruits ou légumes fragiles, comme les champignons ou les figues, doivent être manipulés avec délicatesse

On doit manipuler délicatement les tranches de pommes séchées.

pour éviter de les écraser. Ils ne nécessitent généralement qu'un seul fil de fer. Enfilez-le de biais de part en part et rabattez à la verticale les deux extrémités que vous enroulerez pour former une seule tige ou laisserez droites pour les planter dans la mousse.

Pour tous les objets mous, la grosseur de fil maximale est de 0,71 mm. Parfois, fruits et légumes peuvent se fixer avec une simple épingle à cheveux un peu longue, avec laquelle on perce le fruit et que

l'on plante directement dans la mousse.

Les fruits et légumes qui ont une tige, comme le raisin ou l'artichaut, se montent sur double support, avec des fils de fer suffisamment gros.

Utilisez une étoile de mer en montant l'une de ses pointes sur double support.

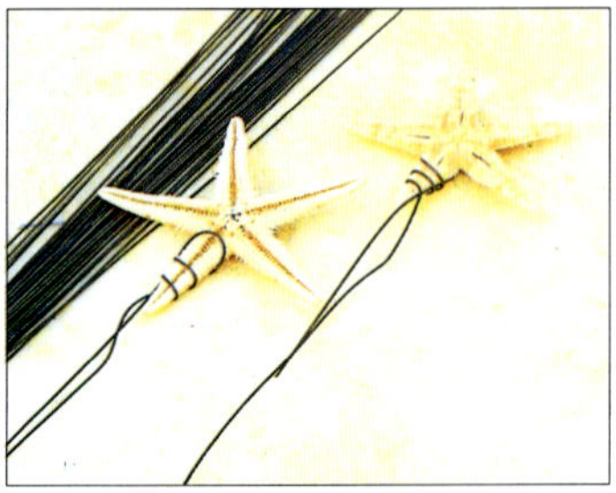

Insertion de Fruits et de Légumes

Les couleurs et les matières des fruits et des légumes sont source d'harmonies ou de contrastes très intéressants, quand on les associe avec des fleurs. Les tons acides des agrumes, les teintes automnales des pommes et des poires se révèlent d'une grande richesse pour le créateur de bouquets.

Certains fruits tels que les grenades, les fruits de la passion ou les oranges sanguines, ouverts ou tranchés, quand ils montrent leur pulpe, présentent des teintes d'un éclat extraordinaire. Malheureusement, les fruits ouverts périssent vite, et vous ne les conserverez que le temps d'un dîner ou d'une fête.

L'idée d'introduire des légumes dans une composition florale peut surprendre : mais que l'on songe à la subtilité de leurs teintes ! Le violet des artichauts, celui presque noir des aubergines, les tons de roses et de blancs des têtes d'ail, le rose frais des radis donnent plus de profondeur ou d'éclat à certains arrangements.

La forme pleine des fruits et des légumes se prête à des arrangements tels qu'une guirlande murale (ci-dessus) ou cette pyramide (ci-contre). Pour les maintenir en place, il suffit de les monter sur fil de fer.

Les tranches d'agrumes séchés s'accordent merveilleusement avec les fleurs : elles dégagent, de plus, un parfum assez intense.

EXTRÉMITÉ D'UN BOUQUET ENRUBANNÉE

Pour que le bouquet puisse être tenu sans risque de se piquer, il est préférable de garnir l'extrémité des tiges de métal.

1 Assurez-vous que cette poignée possède bien la longueur souhaitée, comptez environ 1,5 cm (½ po) de plus que la largeur de votre paume. Habillez les fils de fer de Floratape. Tenez le bouquet d'une main et, à l'endroit de l'attache, coincez avec votre pouce du ruban de 2,5 cm (1 po) de large, en laissant dépasser un morceau de 10 cm (4 po) par-dessus votre pouce.

Tendez le ruban le long de la poignée jusqu'à son extrémité et rabattez-le de l'autre côté, jusqu'à mi-hauteur. Maintenez-le à cet endroit avec le petit doigt en gardant bien le pouce en haut, au niveau de l'attache.

2 Enroulez le ruban sur lui-même jusqu'en bas puis recommencez, à partir de l'extrémité de la poignée, à l'enrouler jusqu'au point d'attache en haut, de sorte qu'il recouvre entièrement les fils de fer et le Floratape.

3 Nouez l'extrémité du ruban avec le morceau de 10 cm (4 po) gardé en réserve. Faites un beau nœud. Coupez les longueurs de ruban superflues.

GARNITURE D'UN RÉCIPIENT

Un récipient destiné à contenir un bouquet de fleurs fraîches doit être étanche.

Si vous disposez vos fleurs sur de la mousse synthétique, il faut tapisser préalablement le récipient d'une feuille de plastique ou de Cellophane.

Découpez une feuille de plastique ou de Cellophane légèrement plus grande que le récipient choisi : vous l'en garnirez en vous assurant que tous les angles sont bien protégés et qu'elle ne présente ni trou ni déchirure. Découpez au couteau le morceau de mousse synthétique humidifiée aux dimensions nécessaires et introduisez-le dans le récipient. Égalisez aux ciseaux les bords du plastique que vous fixerez avec du ruban adhésif.

Quand vous le découpez, veillez à ce que de l'eau ne s'introduise pas entre le récipient et sa garniture de plastique.

Disposition en Spirale
Disposer les tiges des fleurs en spirale permet de les offrir avec davantage d'élégance : elles paraissent alors déjà arrangées en bouquet et la personne qui les reçoit n'a plus qu'à les placer dans un vase approprié.

1 Disposez les différents éléments à portée de la main de façon à pouvoir saisir tour à tour chaque tige individuellement. Prenez dans une main une tige robuste de fleur ou de feuillage, environ aux deux tiers de la hauteur en partant du sommet. Puis élaborez votre bouquet en ajoutant les tiges de fleurs une par une, tout en tournant la gerbe afin de les disposer en spirale. Pour obtenir une répartition égale des différentes espèces dont vous disposez, prévoyez de les inclure à intervalles réguliers. En variant la hauteur à laquelle vous tenez les tiges, vous donnerez au bouquet une forme arrondie en coupole.

2 Quand le bouquet est achevé, liez-le à l'endroit où toutes les tiges se croisent avec un ruban, du raphia ou de la ficelle.

3 Égalisez l'extrémité des tiges qui doivent dépasser du nœud d'environ un tiers de la hauteur totale du bouquet.

Montage de Feuilles Cousues
Cette technique permet de maintenir la feuille dans sa courbure « naturelle ».

Tenez la feuille bien à plat dans une main, face inférieure vers le haut, et cousez un fil de fer fin horizontalement, en travers de la nervure centrale.

Rabattez les deux extrémités du fil de fer de part et d'autre de la tige, en épingle à cheveux. Maintenez une des extrémités le long de la tige et enroulez l'autre tout autour. Étirez bien ces extrémités et, éventuellement, habillez-les de Floratape.

Ci-dessous : On peut attacher des fleurs et du feuillage sur le bord d'un panier ou d'une couronne avec du fil très fin en bobine.

PREMIÈRE PARTIE

COMPOSITIONS DE FLEURS FRAÎCHES

De la pleine brassée de roses anciennes, largement épanouies dans un vase, à la subtile sobriété de quelques fleurs des bois dans un verre teinté, tout arrangement floral que vous composerez reflétera votre personnalité, votre humeur, et témoignera de votre sensibilité artistique. Les pages qui suivent traitent de l'art de disposer les fleurs fraîches en des compositions tant classiques que novatrices.

INTRODUCTION

• • •

Ci-dessus : Panier de jacinthes et de lis en pots (page 70).

Ci-dessous : Corbeille d'été (page 65).

Comme beaucoup d'aspects de notre vie, la composition florale est soumise aux caprices de la mode. Un courant s'est toutefois dégagé au cours des quelque vingt dernières années : un relâchement de règles auparavant si strictes que les fleurs ressemblaient parfois à des bataillons de soldats au garde-à-vous.

Aujourd'hui, on s'applique à mettre en valeur les qualités des fleurs pour elles-mêmes et à les présenter avec plus de naturel.

Libéré de contraintes trop rigides, le créateur de compositions florales peut donc désormais puiser son inspiration où bon lui semble : dans le décor d'une pièce, la forme d'un récipient, ou bien l'humeur du moment, le temps qu'il fait...

Si le créateur de bouquets doit toujours respecter les règles de l'harmonie colorée, de l'équilibre des masses et des justes proportions, ce ne sont plus aujourd'hui que des tremplins qui l'aident à mieux concevoir des arrangements plus hardis sur le plan de la combinaison des couleurs et des textures. On apprécie plus qu'autrefois la sobriété et un simple bouquet de jonquilles dans un pot de confiture peut procurer autant de plaisir qu'une volumineuse gerbe dans un vase luxueux !

La composition florale est devenue un art fondé sur la mise en valeur des éléments à combiner et de leurs qualités respectives, avec le maximum de simplicité.

L'imagination du créateur de bouquets bénéficie de nos jours des progrès considérables qui jouent tant sur la quantité que sur la qualité des fleurs disponibles dans le commerce.

Il dispose maintenant d'une très grande variété de fleurs et non plus des seules plantes de saison. En outre, les techniques de culture actuelles ont considérablement augmenté la longévité des végétaux et amélioré leurs qualités. Les pois de senteur, notamment, qui, coupés, ne vivaient autrefois que quelques jours, persistent aujourd'hui pendant une semaine et plus.

La composition florale peut apparaître à certains comme un passe-temps coûteux et inutile. Mais pour beaucoup, elle demeure une opération pleine de mystères. Quoi qu'il en soit, c'est une activité très facile à exercer. Avec un peu de patience, d'imagination et de volonté, en suivant les instructions fournies dans cet ouvrage, vous pourrez en goûter toutes les joies. Si c'est avant tout une activité manuelle, elle est aussi essentiellement créative.

Ci-dessus : Guirlande de fleurs et de fruits (page 44).

Ci-contre : Bouquet d'arums (page 87).

Ci-dessous : Tulipes composées en arbre ornemental (page 68).

SOIN DES FLEURS COUPÉES

PRÉPARATION

Il s'agit des opérations consistant à rendre les fleurs et les feuillages propres à la composition florale.

En règle générale, on retire les feuilles les plus basses pour qu'elles ne trempent pas dans l'eau où elles pourriraient, donneraient naissance à des bactéries et nuiraient à la longévité du bouquet. On coupe les tiges en biais pour leur offrir le plus de surface possible à l'absorption de l'eau. Enfin, on laisse tremper 2 heures les différents éléments végétaux dans l'eau froide pour qu'ils boivent le plus possible avant leur utilisation.

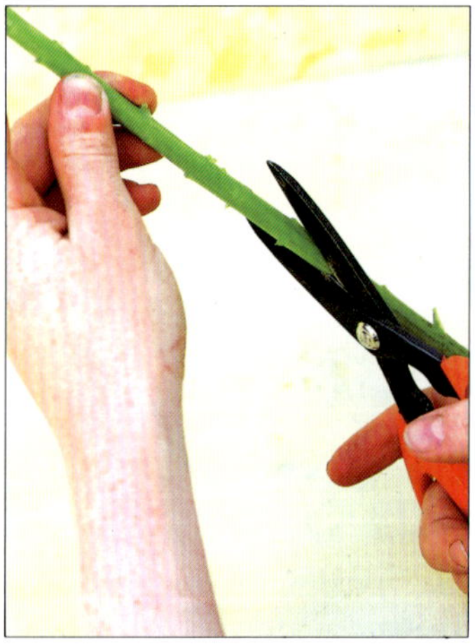

Pour la plupart des fleurs et des plantes, ces opérations suffisent. Pour certaines, cependant, d'autres soins, qui accroîtront leur longévité, sont nécessaires.

EAU BOUILLANTE

Tremper dans de l'eau bouillante l'extrémité des tiges ligneuses du lilas, de la boule-de-neige et du rhododendron, ou celles, pleines de sève, du laiteron (euphorbe), du pavot, et même des roses et des chrysanthèmes, leur fera le plus grand bien.

Ôtez les feuilles du bas, ainsi que l'écorce des tiges sur environ 6 cm (2 1/2 po). Coupez l'extrémité en biais et même, dans le cas des tiges ligneuses, arrachez l'écorce sur environ 6 cm (2 1/2 po). Enveloppez toutes les têtes des fleurs dans du papier pour leur éviter tout contact avec de la vapeur chaude.

Versez doucement de l'eau bouillante dans un récipient résistant à la chaleur, sur une hauteur d'environ 6 cm (2 1/2 po) et plongez-y l'extrémité des tiges pendant 2 à 3 minutes, avant de les sortir pour les plonger dans beaucoup d'eau froide. La vapeur d'eau dissipe l'air contenu dans les tiges, leur permettant de mieux absorber l'eau froide, et l'eau bouillante détruit les bactéries.

Des roses défraîchies reprendront peut-être vie si vous coupez l'extrémité des tiges et les traitez à l'eau bouillante (les têtes enveloppées dans du papier), avant de les plonger pendant 2 heures dans l'eau froide.

L'enlève-épines est très précieux pour nettoyer les tiges de roses très épineuses.

CAUTÉRISATION

On peut prolonger la vie des plantes telles que le laiteron (euphorbe) ou le pavot, qui possèdent un suc laiteux dont l'écoulement dégrade la qualité de l'eau, en les cautérisant.

L'extrémité de la tige est passée au-dessus d'une flamme jusqu'à ce qu'elle noircisse, puis plongée dans de l'eau tiède. Il se forme une couche charbonneuse qui obstrue l'écoulement de la sève sans empêcher l'absorption d'eau.

TIGES CREUSES

Les pieds-d'alouette, les amaryllis et les lupins ont des tiges creuses et la meilleure préparation consiste à les placer la tête en bas pour les remplir littéralement d'eau.

Pour maintenir l'eau à l'intérieur de la tige, formez un tampon de coton, de laine ou de tissu, avec lequel vous bouchez soigneusement l'extrémité de la tige et que vous attachez avec un élastique. Puis plongez la fleur dans l'eau tiède. L'eau emprisonnée dans la tige la maintient rigide et le bouchon de coton l'alimentera encore davantage en eau.

FEUILLAGES

Les feuillages se préparent exactement comme les fleurs. Il faut avant tout enlever les feuilles basses et couper l'extrémité de la tige en biais. Ensuite, selon la structure de la tige, on peut appliquer diverses méthodes. Il est aussi important d'enlever le bas de l'écorce sur une hauteur de 6 cm (2 ½ po) et de l'arracher un peu plus haut pour permettre à la tige d'absorber davantage d'eau.

AFFERMISSEMENT DES TIGES

Certaines fleurs telles que le gerbera ont des tiges très souples et fragiles qui nécessitent d'être raffermies. C'est aussi le cas des fleurs qui se fanent.

Réunissez une gerbe de ces fleurs et enveloppez-les toutes ensemble

dans du papier, sur les trois quarts de la hauteur de la tige pour qu'elles se tiennent bien droites, et mettez-les dans beaucoup d'eau froide pendant 2 heures. Les cellules vont se gorger d'eau : les tiges resteront rigides quand vous enlèverez le papier.

ÉTHYLÈNE

L'éthylène est un gaz que dégagent notamment les champignons et les fruits mûrs. Il a pour effet d'accélérer la maturation de certaines fleurs, ce qui fait aussi tomber les boutons non éclos et jaunir les feuilles. Les œillets, freesias, alstroemères et roses y sont particulièrement sensibles. Tenez-en compte lorsque vous incluez des fruits dans un arrangement floral.

Tableau des Fleurs Disponibles

• • •

Ce tableau fournit une indication d'ordre général sur la plus ou moins grande abondance des espèces sur le marché. Le développement de certaines productions peut soumettre ces données à variation.

❀❀❀ ***abondante*** ❀❀ ***assez abondante*** ❀ ***plutôt rare***

Espèce	Janv.	Févr.	Mars	Avr.	Mai	Juin	Juil.	Août	Sept.	Oct.	Nov.	Déc.	Particularités
Achillée			❀	❀	❀			❀❀❀	❀❀❀				*Certaines variétés ne se rencontrent qu'au printemps*
Aconit					❀			❀❀❀	❀❀❀				
Agapanthe	❀	❀						❀❀❀	❀❀❀	❀	❀	❀	*Certaines variétés sont relativement abondantes en hiver*
Ageratum		❀			❀			❀❀❀	❀❀❀	❀❀❀	❀❀❀		
Ail d'ornement					❀			❀❀❀	❀❀❀				
Alchemilla mollis							❀	❀					
Alstroemère	❀❀❀	❀❀	❀❀	❀❀❀	❀❀❀	❀❀❀	❀❀❀	❀❀❀	❀❀❀	❀❀❀	❀❀❀	❀❀❀	*Certaines variétés sont moins abondantes au début du printemps*
Amarante (rouge et verte)	❀❀						❀❀	❀❀❀	❀❀❀	❀❀❀	❀❀❀	❀❀❀	
Amaryllis (belladonne)	❀❀							❀❀	❀❀	❀❀❀	❀❀❀	❀❀❀	
Ammi majus (carotte sauvage)	❀❀❀	❀❀❀	❀❀❀	❀❀❀	❀❀❀	❀❀❀	❀❀❀	❀❀	❀❀	❀❀❀	❀❀❀	❀❀❀	
Anémone	❀❀❀	❀❀❀	❀❀❀	❀❀❀	❀❀❀	❀❀❀	❀❀❀			❀❀❀	❀❀❀	❀❀❀	
Aneth	❀❀				❀❀		❀❀	❀❀❀	❀❀❀	❀❀❀	❀❀❀		
Anigozanthus (patte-de-kangourou)	❀❀	❀❀	❀❀	❀	❀❀❀	❀❀❀	❀❀❀	❀❀❀	❀❀	❀❀	❀❀	❀❀	*Certaines variétés sont inexistantes au milieu du printemps*
Anthurium	❀❀❀	❀❀❀	❀❀❀	❀❀❀	❀❀❀	❀❀❀	❀❀❀	❀❀❀	❀❀❀	❀❀❀	❀❀❀	❀❀❀	*La plupart des couleurs sont disponibles toute l'année*
Arum	❀❀❀	❀❀❀	❀❀❀	❀❀❀	❀❀❀	❀❀❀	❀❀❀	❀❀❀	❀❀❀	❀❀❀	❀❀❀	❀❀❀	
Arum d'Éthiopie	❀❀	❀❀	❀❀❀	❀❀❀	❀❀❀	❀❀❀	❀❀❀	❀❀❀	❀❀❀	❀❀❀	❀❀❀	❀❀	
Asclepias	❀❀	❀❀❀	❀❀	❀❀	❀❀	❀❀❀	❀❀❀	❀❀❀	❀❀❀	❀❀❀	❀❀❀	❀❀❀	A. incarnata *ne se rencontrent qu'au début de l'automne*
Aster	❀❀❀	❀❀❀				❀❀❀	❀❀❀	❀❀❀	❀❀❀	❀❀❀	❀❀❀	❀❀❀	*Certaines variétés ne se rencontrent qu'à la fin de l'automne*
Astilbe					❀	❀	❀	❀❀❀	❀❀❀	❀❀❀	❀❀❀	❀❀❀	A. *'Whasingthon' disponible uniquement à la fin du printemps*
Astrantia								❀	❀	❀	❀		
Atriplex	❀❀	❀❀❀	❀❀❀	❀❀❀	❀❀❀	❀❀			❀❀	❀❀	❀❀	❀❀	
Bouvardia	❀❀❀	❀❀❀	❀❀❀	❀❀❀	❀❀❀	❀❀❀	❀❀❀	❀❀❀	❀❀❀	❀❀❀	❀❀❀	❀❀❀	B. longiflorum *ne se rencontrent qu'au printemps*
Bupleurum griffithii	❀❀❀	❀❀❀	❀	❀❀❀	❀❀❀	❀❀❀	❀❀❀	❀❀❀	❀❀❀	❀❀❀	❀❀❀	❀❀❀	
Callistephus (reine-marguerite)			❀	❀	❀				❀❀❀	❀❀❀	❀❀❀	❀❀❀	
Campanule					❀❀❀	❀❀❀	❀❀❀						
Célosie	❀❀	❀❀						❀❀	❀❀❀	❀❀❀	❀❀❀	❀❀❀	
Centaurea cyanus (bleuet)								❀❀❀	❀❀❀	❀❀❀	❀❀❀		
Centaurea macrocephala								❀	❀				
Chamelaucium		❀❀	❀❀	❀❀	❀❀								
Charbon bleu								❀❀❀	❀❀❀	❀❀❀	❀❀❀	❀❀❀	
Chelone obliqua					❀❀	❀❀			❀❀❀	❀❀❀	❀❀❀		
Chrysanthemum santini	❀❀❀	❀❀❀	❀❀❀	❀❀❀	❀❀❀	❀❀❀	❀❀❀	❀❀❀	❀❀❀	❀❀❀	❀❀❀	❀❀❀	
Chrysanthemum indicum gr.	❀❀❀	❀❀❀	❀❀❀	❀❀❀	❀❀❀	❀❀❀	❀❀❀	❀❀❀	❀❀❀	❀❀❀	❀❀❀	❀❀❀	
Cirse		❀❀	❀❀		❀❀	❀❀❀	❀❀❀	❀❀❀	❀❀❀	❀❀❀	❀❀❀	❀❀	
Cyclamen	❀❀❀	❀❀❀	❀❀❀	❀❀❀	❀❀❀							❀❀❀	
Cymbidium (orchidée)	❀❀❀	❀❀❀	❀❀❀	❀❀❀	❀❀❀	❀❀❀	❀❀❀	❀❀❀		❀❀❀	❀❀❀	❀❀❀	
Dahlia									❀❀❀	❀❀❀	❀❀❀	❀❀❀	
Delphinium ajacis (dauphinelle)	❀❀❀	❀❀❀	❀❀❀	❀❀❀	❀❀❀	❀❀❀	❀❀❀	❀❀❀	❀❀❀	❀❀❀	❀❀❀	❀❀❀	
Delphinium (pied-d'alouette)	❀❀	❀❀	❀❀	❀❀	❀❀	❀❀❀	❀❀❀	❀❀❀	❀❀❀	❀❀❀	❀❀❀	❀❀	
Dendrobium (orchidée dendrobe)	❀❀❀	❀❀❀	❀❀❀	❀❀❀	❀❀❀	❀❀❀	❀❀❀	❀❀❀	❀❀❀	❀❀❀	❀❀❀	❀❀❀	
Dianthus (branchu)	❀❀❀	❀❀❀	❀❀❀	❀❀❀	❀❀❀	❀❀❀	❀❀❀	❀❀❀	❀❀❀	❀❀❀	❀❀❀	❀❀❀	
Dianthus (capillaire standard)	❀❀❀	❀❀❀	❀❀❀	❀❀❀	❀❀❀	❀❀❀	❀❀❀	❀❀❀	❀❀❀	❀❀❀	❀❀❀	❀❀❀	
Eremurus stenophyllus (aiguille-de-Cléopâtre)						❀❀❀	❀❀❀	❀❀❀	❀❀❀	❀	❀		
Eupatorium								❀❀❀	❀❀❀	❀❀❀	❀❀❀		
Euphorbia fulgens	❀❀❀	❀❀❀	❀❀❀							❀❀❀	❀❀❀	❀❀❀	
Eustoma russellianum	❀❀❀	❀❀❀				❀❀❀	❀❀❀	❀❀❀	❀❀❀	❀❀❀	❀❀❀	❀❀❀	
Forsythia			❀❀❀	❀❀❀	❀❀❀	❀❀❀							
Freesia	❀❀❀	❀❀❀	❀❀❀	❀❀❀	❀❀❀	❀❀❀	❀❀❀	❀❀❀	❀❀❀	❀❀❀	❀❀❀	❀❀❀	
Gerbera	❀❀❀	❀❀❀	❀❀❀	❀❀❀	❀❀❀	❀❀❀	❀❀❀	❀❀❀	❀❀❀	❀❀❀	❀❀❀	❀❀❀	
Giroflée	❀	❀	❀	❀	❀❀❀	❀❀❀	❀❀❀	❀❀❀	❀❀	❀❀	❀❀	❀	
Glaïeul								❀❀❀	❀❀❀	❀❀❀	❀❀❀	❀❀❀	
Godetia	❀❀❀			❀❀❀	❀❀❀	❀❀❀	❀❀❀	❀❀❀	❀❀❀	❀❀❀	❀❀❀	❀❀❀	
Gypsophile	❀❀❀	❀❀❀	❀❀❀	❀❀❀	❀❀❀	❀❀❀	❀❀❀	❀❀❀	❀❀❀	❀❀❀	❀❀❀	❀❀❀	
Helenium								❀❀❀	❀❀❀	❀❀❀	❀❀❀	❀❀❀	

Espèce	Janv.	Févr.	Mars	Avr.	Mai	Juin	Juil.	Août	Sept.	Oct.	Nov.	Déc.	Particularités
Heliconia	❀❀❀	❀❀❀	❀❀❀	❀❀❀	❀❀❀	❀❀❀	❀❀	❀❀	❀❀	❀❀	❀❀❀	❀❀❀	
Hippeastrum (amaryllis)	❀❀❀	❀❀❀	❀❀❀	❀❀❀	❀❀❀	❀❀❀	❀❀❀			❀❀❀	❀❀❀	❀❀❀	
Hortensia	❀❀	❀❀	❀❀	❀❀	❀❀	❀❀	❀❀	❀❀❀	❀❀❀	❀❀❀	❀❀❀	❀❀❀	
Immortelle	❀❀	❀❀						❀❀	❀❀❀	❀❀❀	❀❀❀	❀❀❀	
Iris	❀❀❀	❀❀❀	❀❀❀	❀❀❀	❀❀❀	❀❀❀	❀❀❀	❀❀❀	❀❀❀	❀❀❀	❀❀❀	❀❀❀	
Ixia					❀	❀							
Jacinthe		❀❀	❀❀❀	❀❀❀	❀❀❀	❀❀❀	❀❀						
Kniphofia						❀❀	❀❀	❀❀	❀	❀	❀	❀❀	
Liatris	❀❀❀	❀❀❀	❀❀❀	❀❀❀	❀❀❀	❀❀❀	❀❀❀	❀❀❀	❀❀❀	❀❀❀	❀❀❀	❀❀❀	
Lilas	❀❀❀	❀❀❀	❀❀❀	❀❀❀	❀❀❀	❀❀						❀❀❀	
Lis	❀❀❀	❀❀❀	❀❀❀	❀❀❀	❀❀❀	❀❀❀	❀❀❀	❀❀❀	❀❀❀	❀❀❀	❀❀❀	❀❀❀	
Lis gloriosa	❀❀❀	❀❀❀	❀❀	❀❀❀	❀❀❀	❀❀❀	❀❀❀	❀❀❀	❀❀❀	❀❀❀	❀❀❀	❀❀❀	
Lysimachia clethroides		❀❀❀	❀❀❀	❀❀❀	❀❀❀	❀❀❀	❀❀❀	❀❀❀	❀❀❀	❀❀❀	❀❀❀	❀❀❀	
Lysimachia vulgaris	❀❀	❀❀							❀❀❀	❀❀❀	❀❀	❀❀	
Marguerite	❀❀❀	❀❀❀	❀❀❀	❀❀❀	❀❀❀	❀❀❀	❀❀❀	❀❀❀	❀❀❀	❀❀❀		❀❀❀	
Marjolaine								❀❀❀	❀❀❀	❀❀❀	❀❀❀	❀❀❀	
Menthe									❀❀❀	❀❀❀	❀❀❀		
Millepertuis	❀❀	❀❀					❀❀	❀❀	❀❀❀	❀❀❀	❀❀❀	❀❀❀	
Molucella laevis (clochette-d'Irlande)	❀❀❀	❀❀❀	❀❀❀	❀❀❀	❀❀❀	❀❀❀	❀❀❀	❀❀❀	❀❀❀	❀❀❀	❀❀❀	❀❀❀	
Montbretia						❀❀❀	❀❀❀	❀❀❀					
Muflier	❀❀❀	❀❀❀	❀	❀❀❀	❀❀❀	❀❀❀	❀❀❀	❀❀❀	❀❀❀	❀❀❀	❀❀❀	❀❀❀	*La plupart ne se rencontrent pas au début du printemps*
Muguet	❀❀	❀❀	❀❀	❀❀	❀❀❀	❀❀❀	❀❀❀	❀❀❀	❀❀	❀❀	❀❀	❀❀	
Muscari	❀❀	❀❀❀	❀❀❀	❀❀❀	❀❀❀	❀❀❀	❀❀					❀❀	
Narcisse		❀❀❀	❀❀❀	❀❀❀	❀❀❀	❀❀❀							
Nerine	❀❀❀	❀❀❀	❀❀❀	❀❀❀	❀❀❀	❀❀❀	❀❀❀	❀❀❀	❀❀❀	❀❀❀	❀❀❀	❀❀❀	
Œillet-de-poète	❀	❀	❀❀❀	❀❀❀	❀❀❀	❀❀❀	❀❀❀	❀❀❀	❀	❀	❀	❀	
Œnothera								❀❀❀					
Oncidium (orchidée oncidier)	❀❀❀	❀❀❀	❀❀❀	❀❀❀	❀❀❀	❀❀❀	❀❀❀	❀❀❀	❀❀❀	❀❀❀	❀❀❀	❀❀❀	
Ornithogalum arabicum (ornithogale à grandes fleurs)	❀❀	❀❀	❀❀❀	❀❀❀	❀❀❀	❀❀❀	❀❀	❀❀	❀❀	❀❀	❀❀	❀❀❀	
Ornithogalum thyrsoides (chincherinchee)	❀❀❀	❀❀❀	❀❀❀	❀❀❀	❀❀❀	❀❀❀		❀❀❀	❀❀❀	❀❀❀		❀❀❀	
Paphiopedilum (orchidée)	❀❀❀	❀❀❀	❀❀❀	❀❀		❀❀	❀❀	❀❀	❀❀	❀❀	❀❀❀	❀❀❀	
Panicaut	❀❀❀	❀❀❀					❀❀❀	❀❀❀	❀❀❀	❀❀❀	❀❀❀	❀❀❀	
Pavot								❀❀❀	❀❀❀	❀❀❀	❀❀❀	❀❀❀	
Phalaenopsis (orchidée)	❀❀❀	❀❀❀	❀❀❀	❀❀❀	❀❀❀	❀❀❀	❀❀❀	❀❀❀	❀❀❀	❀❀❀	❀❀❀	❀❀❀	
Phlox	❀❀❀	❀❀❀	❀❀❀	❀❀❀	❀❀❀	❀❀❀	❀❀❀	❀❀❀	❀❀❀	❀❀❀	❀❀❀	❀❀❀	
Physostégie								❀	❀	❀	❀		
Pivoine						❀❀❀	❀❀❀	❀❀❀					
Pois de senteur			❀	❀	❀❀	❀❀	❀❀❀	❀❀❀					
Protée	❀❀❀	❀❀❀	❀❀❀			❀❀						❀❀❀	
Prunus	❀❀	❀❀❀	❀❀❀	❀❀❀	❀❀❀	❀❀							
Renoncule		❀❀	❀❀	❀❀❀	❀❀❀	❀❀❀	❀❀❀						
Rose	❀❀❀	❀❀❀	❀❀❀	❀❀❀	❀❀❀	❀❀❀	❀❀❀	❀❀❀	❀❀❀	❀❀❀	❀❀❀	❀❀❀	
Safran bâtard	❀❀	❀❀	❀❀	❀❀			❀❀	❀❀❀	❀❀❀	❀❀❀	❀❀❀	❀❀❀	
Saponaire								❀❀❀	❀❀❀	❀❀❀	❀❀❀		
Sauge									❀❀❀	❀❀❀	❀❀❀	❀❀❀	
Scabieuse								❀❀❀	❀❀❀	❀❀❀	❀❀❀		
Scille (jacinthe-des-bois)			❀❀❀	❀❀❀	❀❀❀								
Solidage	❀❀❀	❀❀❀	❀❀❀	❀❀❀	❀❀❀	❀❀❀	❀❀❀	❀❀❀	❀❀❀	❀❀❀	❀❀❀	❀❀❀	
Statice	❀❀❀	❀❀❀	❀❀❀	❀❀❀	❀❀❀	❀❀❀	❀❀❀	❀❀❀	❀❀❀	❀❀❀	❀❀❀	❀❀❀	
Strelitzia	❀❀❀	❀❀❀	❀❀❀	❀❀❀	❀❀❀	❀❀❀	❀❀❀	❀❀❀	❀❀❀	❀❀❀	❀❀❀	❀❀❀	
Symphorine									❀❀❀	❀❀❀	❀❀❀	❀❀❀	
Tanacetum	❀❀❀	❀❀❀	❀❀❀	❀❀❀	❀❀❀	❀❀❀	❀❀❀	❀❀❀	❀❀❀	❀❀❀	❀❀❀	❀❀❀	
Tournesol						❀❀❀	❀❀❀	❀❀❀	❀❀❀	❀❀❀	❀❀❀	❀❀	
Trachelium	❀❀❀	❀❀❀	❀❀❀	❀❀❀	❀❀❀	❀❀❀	❀❀❀	❀❀❀	❀❀❀	❀❀❀	❀❀❀	❀❀❀	*En blanc ne se rencontre pas au début du printemps*
Triteleia (Brodiaea)						❀❀❀	❀❀❀	❀❀❀	❀❀❀	❀❀❀	❀❀❀		
Tulipe	❀❀	❀❀	❀❀❀	❀❀❀	❀❀❀	❀❀❀	❀❀					❀❀	
Véronique	❀❀❀	❀❀❀	❀❀❀	❀❀❀	❀❀❀	❀❀❀	❀❀❀	❀❀❀	❀❀❀	❀❀❀	❀❀❀	❀❀❀	
Viburnum opulus (viorne obier)	❀❀	❀❀	❀❀❀	❀❀❀	❀❀❀	❀❀❀	❀❀	❀❀					
Zinnia								❀❀❀	❀❀❀	❀❀			

BOUQUET DE TULIPES

• • •

FOURNITURES

...

50 tulipes « Angélique »

...

récipient étanche,
par exemple un petit seau

...

panier

...

ciseaux

Cette composition ne présente aucune rigueur mais la juxtaposition de ces fleurs à la forme si régulière crée visuellement l'aspect d'un dôme arrondi.

Un simple arrangement de fleurs de même espèce, accompagnées de leur feuillage, se révèle parfois d'une beauté incomparable. Ce bouquet de tulipes « Angélique », à l'apogée de leur floraison, est superbe avec ses tonalités de blancs et de roses tendres. Il peut magnifiquement occuper la place d'honneur dans une pièce.

1 Retirez les feuilles basses des tulipes qui risqueraient de pourrir dans l'eau. Remplissez le seau d'eau et placez-le dans le panier.

2 Coupez chaque tulipe à la longueur voulue et placez-la dans le seau. Commencez par disposer les fleurs sur le pourtour, orientées vers le bas.

3 Ajoutez progressivement les fleurs vers le centre, jusqu'à obtenir une forme arrondie et régulière que l'on puisse regarder de tous les côtés.

ARRANGEMENTS EN BLANC ET EN BLEU

. . .

Les petits bouquets disposés en spirale et noués à la main constituent de très jolis cadeaux, ou des ornements à poser sur un guéridon. Ces deux exemples se composent de fleurs délicates. Dans l'un, des anémones du Japon ressortent sur le rouge des mûres ; dans le second, des pieds-d'alouette sont relevés par des églantines.

1 Commencez par prendre une fleur et ajoutez les autres éléments en tournant, en spirale.

2 Quand tous les éléments sont incorporés dans le bouquet, attachez-le bien au point de jonction avec de la ficelle. Répétez la même opération pour le second bouquet.

3 Égalisez les extrémités des tiges aux ciseaux. Complétez d'un beau nœud avec le ruban.

FOURNITURES

. . .

1ER BOUQUET (à gauche)

. . .

mûres en branches

. . .

petites anémones blanches

. . .

feuilles de dracæna

. . .

ficelle

. . .

ciseaux

. . .

ruban

. . .

2E BOUQUET (à droite)

. . .

4 ou 5 pieds-d'alouette « Blue Butterfly »

. . .

3 églantines

. . .

5 petites feuilles de vigne vierge

. . .

ficelle

. . .

ciseaux

. . .

ruban

Il faut que les fleurs soient assez rapprochées pour créer un effet satisfaisant, mais leurs pétales sont fragiles. Prenez donc garde à ne pas trop les écraser et liez le bouquet délicatement mais fermement.

CORBEILLE PARFUMÉE

Les fleurs qui composent cette corbeille ont été choisies pour leurs parfums puissants et caractéristiques, capables de faire taire tous ceux qui prétendent que les fleurs coupées des fleuristes n'enbaument pas autant que leurs homologues du jardin. Voici une composition idéale pour orner une entrée ou une salle de séjour où l'on apprécie le parfum des fleurs.

FOURNITURES

1 morceau de mousse synthétique

corbeille de jardinier en bois

Cellophane (ou feuille de plastique)

ciseaux

20 branches de troène

10 tubéreuses

10 giroflées

20 freesias

20 brins de mimosa

Le mimosa se compose d'une branche assez forte de laquelle partent des rameaux plus minces. Il est plus pratique de détacher les petits rameaux et de supprimer la tige maîtresse.

1 Placez un morceau de mousse synthétique imbibé d'eau dans une corbeille de jardinier tapissée de Cellophane. Égalisez les bords. (Si la corbeille doit être déplacée, fixez la mousse avec du ruban adhésif de fleuriste.)

2 Retirez les feuilles basses et piquez dans la mousse les branches de troène qui ont l'avantage de former de petits trous bien nets. Elles constitueront l'infrastructure de votre composition.

3 Soulignez l'architecture de cette corbeille en insérant les tubéreuses et les giroflées suivant des diagonales opposées.

4 Répartissez les freesias, les fleurs en boutons à l'extérieur, les plus ouvertes au milieu. Complétez avec les brins de mimosa de tailles différentes. Visuellement, l'ensemble formera un tout homogène.

VASES À BULBES DE JACINTHES

• • •

FOURNITURES

. . .

3 vases à bulbe

. . .

5 bulbes de jacinthe

. . .

2 pots de confiture

. . .

4 branchettes solides

. . .

raphia

. . .

ciseaux

Il existe des vases spéciaux pour recevoir les bulbes. Allez donc chiner chez les antiquaires et dans les brocantes : les vases à bulbe anciens ont un charme inégalable. Sachez toutefois qu'un simple pot de confiture, surmonté d'une armature qui supportera le bulbe, fera parfaitement l'affaire. On trouve regroupés ici les deux sortes de récipients, qui jouent un rôle presque aussi important que la plante elle-même.

Les bulbes fleurissent aussi bien dans l'eau qu'en terre. Voici une nouvelle manière, qui ne demande qu'un peu de patience et d'organisation, de profiter de la floraison des jacinthes.

1 Si vous employez des vases à bulbe, remplissez-les d'eau et placez simplement les bulbes dessus, la base trempant dans l'eau. Veillez à maintenir le niveau de l'eau sans déranger les racines. Et attendez tranquillement la floraison des jacinthes !

2 Les pots de confiture vous imposent de confectionner un support pour le bulbe. Fabriquez un petit cadre avec quatre branches suffisamment solides, soigneusement attachées avec du raphia. Coupez l'extrémité des branches aux dimensions du pot et posez le bulbe dessus, sa base trempant dans l'eau.

Ronds de serviette printaniers

• • •

L'association du blanc et du doré offre un raffinement qui convient parfaitement à un repas de fête, et même de mariage.

Outre leur parfum si délicat, les petites clochettes du muguet s'harmonisent à merveille avec le blanc immaculé du cyclamen.

Fournitures

...

serviettes de table

...

petites branches de lierre

...

pot de muguet

...

pot de cyclamen nain

...

ciseaux

...

cordon doré

Les tiges minces de ces deux fleurs permettent de composer un petit bouquet plat, dont l'étalement souligne la forme même des fleurs.

1 Pliez la serviette de table puis roulez-la en un cylindre que vous nouez avec une branche de lierre.

2 Réunissez quatre ou cinq brins de muguet, trois fleurs de cyclamen et trois feuilles de cyclamen. Prenez d'abord les fleurs et composez un petit bouquet plat, assemblé en spirale. Puis placez une feuille de cyclamen sous les brins de muguet et les deux autres autour des fleurs de cyclamen, pour les mettre en valeur. Nouez le bouquet avec le cordon doré. Posez-le sur la serviette, par-dessus le lierre, et attachez le tout délicatement en laissant pendre l'extrémité du cordon doré.

COURONNE DE FINES HERBES

• • •

Dans de nombreuses régions d'Europe, la coutume veut qu'une couronne de fines herbes, suspendue dans la cuisine ou au-dessus de la porte d'entrée, soit un signe de bienvenue et de bonheur. Les tiges des herbes demeurant dans l'humidité, cette couronne restera fraîche pendant deux ou trois semaines.

FOURNITURES

. . .

couronne de mousse synthétique de 30 cm (12 po) de diamètre

. . .

2 branches de laurier

. . .

2 bottes de romarin

. . .

6 ou 7 betteraves

. . .

6 grosses têtes d'ail

. . .

fil de fer de 0,71 mm

. . .

ciseaux

. . .

40 brins de marjolaine

. . .

40 brins de menthe en fleur

Décorative, cette couronne est aussi très pratique. Vous cueillerez au fur et à mesure les herbes aromatiques dont vous aurez besoin en cuisine, sans détruire complètement l'effet d'ensemble.

1 Imbibez bien la couronne de mousse d'eau froide et formez la base de votre composition en répartissant régulièrement les branches de laurier et de romarin avec les feuilles placées à l'intérieur, sur le dessus et tout autour du cadre circulaire.

2 Montez les betteraves et les têtes d'ail sur fil de fer, en croisant deux fils qui les traversent de part en part et dont vous repliez les extrémités. Coupez celles-ci à la longueur correspondant à l'épaisseur de la mousse. Décidez de leur emplacement respectif et piquez-les fermement dans l'armature en mousse.

3 Complétez la couronne en concentrant la marjolaine autour des betteraves et la menthe autour des têtes d'ail.

URNE DE PRINTEMPS

• • •

FOURNITURES

. . .

urne

. . .

Cellophane
(ou feuille de plastique)

. . .

bloc de mousse synthétique

. . .

ciseaux

. . .

fil de fer de 0,71 mm

. . .

lichen

. . .

15 branches de saule Marsault

. . .

10 branches de lilas blanc

. . .

15 branches de cerisier rose

Ce bouquet d'une grande fraîcheur, qui émerge d'une urne en fonte plutôt austère, symbolise la nature surgissant d'un sol durci par l'hiver.

Cet arrangement de fleurs et de feuillage de printemps traduit l'explosion de vie des premiers jours où la température est un peu plus clémente.

Le principal pôle d'attraction de ce bouquet est créé par les lourdes grappes de lilas blanc, qui ressortent bien sur les branches sombres de saule et de cerisier. L'austérité de ces tiges nues est néanmoins adoucie par les premières fleurs de cerisier et les touffes cotonneuses des bourgeons de saule, qui s'accordent magnifiquement avec le lilas.

1 Tapissez l'urne de Cellophane et placez-y le morceau de mousse synthétique imbibé d'eau. Égalisez les bords de la Cellophane.

2 Pliez du fil de fer de 0,71 mm en épingle à cheveux et piquez du lichen dans la mousse synthétique sur tout le pourtour de l'urne.

3 Disposez les branches de saule de façon à ce qu'elles forment une armature symétrique en hauteur et en largeur, et plantez-les fermement dans la mousse synthétique.

4 Répartissez les branches de lilas en tenant compte de l'inclinaison naturelle des grappes. Vous découvrirez qu'il n'est pas nécessaire de les placer dans les angles.

5 Incorporez les branches de cerisier en fleur, en songeant à renforcer la forme générale du bouquet, comme autant de traits d'union entre les branches nues de saule et les grappes fleuries du lilas.

BULBES DE JACINTHE EN BALLOTINS

• • •

Cette présentation originale des bulbes de jacinthe consiste à les sortir de leur pot pour les placer dans des enveloppes naturelles particulièrement décoratives. Vous profiterez de cette très belle composition pendant plusieurs semaines.

FOURNITURES

. . .

8 bulbes de jacinthe en pleine croissance

. . .

24 feuilles d'automne

. . .

raphia

. . .

ciseaux

. . .

large plat à soufflé en verre blanc

On enveloppe tout simplement les racines, entourées de leur motte de terre, dans les feuilles. Les ballotins ainsi formés sont réunis dans un récipient en verre blanc et baignent dans l'eau. Bientôt, de ce cercle de tiges vertes, toutes droites, émergeront de superbes inflorescences roses, ou jaunes, ou bleues.

1 Dégagez délicatement les bulbes de leur pot en maintenant la motte de terre bien tassée tout autour et enveloppez celle-ci d'une feuille en dessous et de deux sur les côtés, en laissant le bulbe émerger à l'extérieur.

2 Attachez les feuilles avec du raphia. Réunissez les ballotins dans un récipient en verre que vous remplirez d'eau sur 5 cm (2 po) de hauteur environ. N'oubliez pas d'ajouter régulièrement de l'eau. Les feuilles vont pousser et les fleurs apparaître.

ORNEMENT DE SERVIETTE DE TABLE

• • •

Voici un très joli rond de serviette, facile à réaliser, qui égaiera votre table. Sa présentation peut varier selon les circonstances.

1 Prenez une tige de romarin suffisamment longue et flexible pour qu'elle puisse s'enrouler une ou deux fois autour de la serviette roulée, et nouez-la bien.

2 Disposez délicatement les feuilles de géranium et les fleurs de menthe en glissant les tiges successivement sous le nœud de romarin.

FOURNITURES

. . .

longue branche souple de romarin

. . .

serviette de table

. . .

3 feuilles de géranium citron

. . .

2 ou 3 brins de menthe en fleur

. . .

ciseaux

Cet ornement est très facile à réaliser. Il suffit de nouer la serviette avec n'importe quelle tige flexible suffisamment longue et solide, et de créer un pôle d'attraction visuel à l'aide de diverses feuilles, baies ou fleurs de votre choix. Si les tiges nécessitent une attache solide, liez-les avant de les glisser sous le nœud de serviette végétal.

BOULE FLEURIE AVEC DES TULIPES

• • •

Du temps de Shakespeare, en Angleterre, ces sortes de boules remplies d'herbes aromatiques ou de fleurs parfumées servaient à embaumer et à purifier l'air. Aujourd'hui, cette boule renouvellera l'image du bouquet de mariée traditionnel.

FOURNITURES

...

boule de mousse synthétique

...

ruban

...

20 tulipes doubles « Appleblossom »

...

ciseaux

...

botte de myrte

...

lichen

...

fil de fer de 0,71 mm

Cette boule fleurie ne dégage pas de parfums très exotiques, mais elle présente une grande variété de textures, qui va des pétales pointus des tulipes doubles à la douceur du lichen, en passant par l'éclat noir des baies de myrte, sur fond de ruban satiné.

1 Plongez la boule de mousse synthétique dans l'eau. Nouez le ruban en commençant par le haut et en le croisant en bas avant de faire le nœud sur le dessus, en laissant suffisamment de longueur de ruban pour la boucle finale.

2 Coupez les tiges des tulipes en ne gardant qu'une extrémité de 2,5 cm (1 po) environ. Piquez-les en rangs verticaux dans les intervalles entre les passages du ruban, avec délicatesse pour éviter de les écraser.

3 Coupez de petits brins de myrte et piquez-les de part et d'autre des rangs de tulipes, en rangées assez serrées.

4 Pliez les fils de fer en épingles à cheveux pour fixer le lichen dans les espaces vides intermédiaires. La boule doit être entièrement recouverte.

AMARYLLIS EN COMPOSITION LINÉAIRE

• • •

Créer une composition linéaire consiste à échelonner les fleurs selon une progression verticale. Les corolles de l'amaryllis s'y prêtent admirablement et elles sont ici rehaussées par des feuilles de *Phormium cookiannum variagatum*.

FOURNITURES

. . .

pique-fleurs

. . .

large coupelle

. . .

5 amaryllis

. . .

ciseaux

. . .

6 feuilles de Phormium cookiannum variagatum

. . .

galets de verre

L'amaryllis a la particularité de posséder une tige remarquable, large et charnue, mais creuse, qui porte des fleurs très lourdes. Elle ne peut donc être plantée dans de la mousse synthétique : il en faudrait une trop grande quantité et qu'elle soit renforcée par du grillage. En revanche, le pique-fleurs présente l'avantage de bien soutenir la tige et d'être suffisamment lourd pour faire contrepoids à la fleur.

1 Placez le pique-fleurs au milieu de la coupelle et recouvrez-le d'eau. Échelonnez les amaryllis en les enfilant sur les pointes du pique-fleurs, selon une disposition verticale, en plaçant les moins ouvertes sur une tige plus longue à l'arrière et les plus largement écloses à l'avant, sur une tige courte (toute fleur séparée sera intégrée à la composition, directement sur le pique-fleurs).

2 Disposez les feuilles en mettant les plus grandes à l'arrière et les plus courtes à l'avant, pour former une diagonale qui recoupe la ligne brisée verticale des fleurs.

3 Installez cette composition à son emplacement définitif et dissimulez la base du pique-fleurs avec des galets de verre coloré.

PETITS BOUQUETS PARFUMÉS

• • •

Très populaires autrefois parce qu'ils chassaient les mauvaises odeurs, ces petits bouquets constituent de très jolies décorations et de charmants cadeaux. Les indications qui suivent correspondent au bouquet de droite sur la photographie.

1 Coupez toutes les tiges à la longueur souhaitée pour votre bouquet et débarrassez-les des feuilles basses et des épines. Tenant la fleur du milieu d'une main, ajoutez une à une les herbes d'une première espèce, en tournant. Assurez-vous que vous avez accompli un cercle entier avant d'en commencer un nouveau avec l'herbe suivante. Terminez par un cercle de feuilles de géranium en bordure.

2 Quand votre bouquet est terminé, liez-le avec de la ficelle et égalisez les tiges. Décorez-le d'un nœud en raphia.

FOURNITURES

. . .

1 fleur de ciboulette

. . .

menthe en fleur

. . .

romarin

. . .

fenouil

. . .

feuilles de géranium citron

. . .

ciseaux

. . .

ficelle

. . .

raphia

Ces petits bouquets d'herbes aromatiques s'organisent en cercles concentriques autour d'une fleur centrale et ils exhalent des senteurs mêlées. Ils peuvent aussi s'utiliser en cuisine. Si vous les laissez sécher, le plaisir durera plus longtemps.

GUIRLANDE DE FLEURS ET DE FRUITS

• • •

FOURNITURES

. . .

4 limes (citrons verts)

. . .

9 citrons

. . .

4 grappes de raisins noirs

. . .

fil de fer de 0,71 mm

. . .

lierre grimpant

. . .

4 bottes d'helenium

. . .

paille tressée d'environ 60 cm (24 po) de long

. . .

raphia

. . .

ciseaux

. . .

1 longue branche de lierre

Monter les différents éléments sur fil de fer demande du temps, mais c'est une guirlande très facile à réaliser. N'oubliez pas que si les citrons et les limes se conservent bien, les raisins et les fleurs nécessiteront quelques vaporisations d'eau.

La fraîcheur et l'éclat de cette guirlande décorative égaiera n'importe quelle pièce de la maison. Il est vrai que son caractère rustique la destine de préférence à la cuisine mais, plus longue, elle peut aussi orner un dessus de cheminée ou une rampe d'escalier.

1 Tous les fruits doivent être montés sur fil de fer. Un fil est planté en travers des citrons verts, près de la base, les deux extrémités étant rabattues à la verticale et tortillées ensemble. Les citrons étant plus lourds, passez un second fil de fer perpendiculaire au premier et tortillez les quatre extrémités ensemble.

2 Réunissez plusieurs grappes de raisins pour les monter sur support double (cf. p. 16) avec du fil de fer de 0,71 mm. Procédez de même pour le lierre et l'helenium regroupés en douze petites bottes.

3 Commencez par attacher à une extrémité de la tresse trois citrons avec du raphia. Puis attachez successivement un bouquet, un citron vert, du raisin et un deuxième bouquet.

4 Continuez dans ce même ordre. Quand vous arrivez presque à l'extrémité de la tresse, consolidez l'attache en serrant avec le raphia.

5 Faites un beau nœud avec le raphia. Coupez les fils de fer qui dépassent et entrelacez le lierre en branche autour du nœud et du sommet de la guirlande.

BOUQUET ROSE ET ROUGE DANS UN PICHET

• • •

La combinaison colorée du rose des fleurs de phlox avec le rouge vif des feuilles de vigne vierge à l'automne crée une harmonie pleine de vivacité et particulièrement agréable. Ce bouquet est, en outre, très facile à réaliser.

FOURNITURES

. . .

15 phlox roses « Bright Eyes »

. . .

5 branches de vigne vierge dans les tons d'automne

. . .

pichet

. . .

ciseaux

Quelques fleurs et feuilles dans un pichet créent soudain une explosion de couleurs très vives et des senteurs agréables.

1 Coupez les tiges de phlox à une longueur correspondant à la hauteur du pichet. Disposez-les régulièrement, les plus grandes vers l'arrière.

2 Plongez l'extrémité des branches de vigne vierge dans l'eau du pichet et enroulez-les harmonieusement autour des fleurs.

BOUGEOIR FLEURI

• • •

On réalise ce pied de bougeoir fleuri à partir d'une couronne de mousse synthétique de très petit diamètre. Unissant des senteurs enivrantes, il décorera avec simplicité la table d'un dîner entre amis.

1 Trempez la couronne de mousse synthétique dans l'eau froide et placez-la autour du bougeoir. En commençant par le pourtour, plantez régulièrement dans l'anneau de mousse les tiges de romarin et les feuilles de géranium. Orientez les feuilles dans des directions différentes pour créer un mouvement décoratif.

2 Comblez les espaces intermédiaires avec le fenouil et l'hysope. Parsemez de quelques pensées.

FOURNITURES

...

couronne de mousse synthétique de 15 cm (6 po) de diamètre

...

bougeoir

...

romarin, feuilles de géranium citron, fenouil, hysope, pensées

...

ciseaux

Autour du pied du bougeoir, ce petit anneau floral est extrêmement décoratif. Surveillez la combustion de la bougie et ne la laissez pas brûler à moins de 5 cm (2 po) des plantes.

BOUQUET EXOTIQUE

• • •

FOURNITURES

. . .

grand bocal
à poissons rouges

. . .

ciseaux

. . .

5 branches de saule tortueux

. . .

5 alpinias

. . .

10 graines de lotus

. . .

7 célosies
(crêtes-de-coq)

. . .

2 ananas roses

. . .

10 lis gloriosa

. . .

5 anthuriums

. . .

5 feuilles de palmier Aréca

. . .

7 Phormium tenax
« Bronze baby »

. . .

6 petites bottes de bear grass

. . .

6 rameaux de fleur
de la passion

La plupart des fleurs et des feuilles de cette composition peuvent ensuite être séchées.

L'apparente fragilité de certaines des fleurs de cette éclatante composition est trompeuse. Les fleurs exotiques coupées, vendues dans le commerce, sont non seulement magnifiques mais, très robustes, elles durent longtemps.

1 Remplissez le bocal aux trois quarts d'eau. Coupez les branches de saule à environ trois fois la hauteur du bocal et disposez-les de sorte qu'elles constituent l'armature de votre bouquet.

2 Ajoutez les alpinias et les graines de lotus de façon à ce que les plus hautes, placées en arrière, n'atteignent pas la hauteur des branches de saule et échelonnez les autres par ordre de taille décroissant, vers l'avant et sur les côtés.

3 Répartissez pareillement les crêtes-de-coq. Logez les deux ananas roses au centre, l'un en dessous de l'autre.

4 Intégrez les lis gloriosa dans la composition, de préférence sur le devant et les côtés où, naturellement, ils vont dépasser du récipient. Disposez les anthuriums par ordre décroissant, de l'arrière vers l'avant.

5 Ajoutez le feuillage (feuilles de palmier, phormium et *bear grass*). Enfin, plongez l'extrémité des rameaux de fleur de la passion à l'arrière du bocal et ramenez les tiges fleuries sur le dessus, en les laissant retomber vers l'avant.

PETITE GERBE D'ORCHIDÉES

• • •

FOURNITURES

. . .

bear grass

. . .

6 tiges d'orchidée tachetée de brun et d'orangé

. . .

6 tiges d'orchidée tachetée de rose

. . .

ciseaux

. . .

ficelle

Ce petit bouquet ne se compose que de deux variétés d'orchidées, agrémentées de quelques brins de bear grass. Il est assemblé en spirale, en le tournant dans la main. Les solides tiges d'orchidée se prêtent particulièrement bien à cette technique et elles permettent, de plus, au bouquet de tenir tout seul. Par son élégante finesse, le bear grass allège les formes pleines des lourdes fleurs en grappes.

Il existe des orchidées de toutes formes et de toutes couleurs. Certaines s'évasent avec douceur, d'autres sont plus larges et charnues. Mais toutes brillent par leur originalité et leur aspect exotique, si bien qu'elles risquent de supplanter les autres fleurs en compagnie desquelles elles se trouvent. Elle sont superbes seules, dans un bouquet qui réunit des variétés assorties, ou bien simplement avec quelques feuillages choisis.

1 Divisez le *bear grass* en petites bottes pour l'incorporer plus facilement aux orchidées que vous disposez une par une en tournant le bouquet.

2 Composez votre bouquet en spirale, en le tournant dans la main, sans oublier d'inclure les bottes de *bear grass*. Pour finir, égalisez l'extrémité des tiges.

3 Nouez une ficelle au niveau de l'attache, là où les tiges se croisent. Faites ensuite avec une herbe un joli nœud qui dissimulera la ficelle.

Vases de fleurs exotiques

• • •

Voici un assortiment de petits vases très colorés, recevant chacun une variété de fleurs exotiques, coupées très court, qu'il met particulièrement en valeur. Certaines fleurs se distinguent par les qualités sculpturales de leurs contours, d'autres par l'éclat de leurs couleurs ou le raffinement de leur texture. Cette présentation est à la fois très simple et originale.

1 Examinez soigneusement les récipients et les différents éléments dont vous disposez pour déterminer quelles sont les meilleures associations possibles et former des bouquets ou des vases de fleur unique.

2 Mesurez la longueur des tiges en fonction du vase choisi. L'anthurium est joli tout seul, l'ananas en compagnie de feuillage exotique et de branches de saule. La célosie, les orchidées, le lis gloriosa et le lis « Vallota », en bouquets touffus.

Fournitures

. . .

6 petits vases en céramique colorée

. . .

1 anthurium

. . .

1 ananas rose

. . .

3 feuilles exotiques

. . .

branches de saule tortueux

. . .

3 fleurs de célosie

. . .

3 tiges d'orchidée branchue

. . .

4 lis gloriosa

. . .

10 lis « Vallota »

. . .

ciseaux

Il reste quelquefois des fleurs aux tiges trop courtes, qui ne peuvent être intégrées à une composition volumineuse. Rescapées d'un bouquet fané, leurs tiges en ont été coupées pour prolonger leur durée de vie, ou simplement cassées. Quoi qu'il en soit, elles seront du plus bel effet dans un petit vase.

BOUQUET DE FEUILLAGES

• • •

FOURNITURES

. . .

2 morceaux de mousse synthétique

. . .

coupelle

. . .

ruban adhésif de fleuriste

. . .

fil de fer de 0,71 mm

. . .

mousse végétale

. . .

5 grevilleas

. . .

10 plantes crevettes (Beloperone guttata)

. . .

10 Asparagus mirioclaudus *(cultivar de fougère de Boston)*

. . .

10 pittosporum

. . .

5 cotonéaster

. . .

ciseaux

Ne vous limitez pas aux seuls feuillages verts. Songez au jaune vif des feuilles d'Eleagnus (chalef), au gris argenté du séneçon, sans oublier l'extraordinaire richesse des couleurs d'automne des feuilles et des fruits, qui peuvent concourir à de superbes effets décoratifs.

Si votre jardin est dépouillé de fleurs, votre budget limité, ou si vous éprouvez simplement un désir de changement, créer une composition uniquement fondée sur des feuillages de tons différents est une expérience à la fois amusante et gratifiante.

Quelle que soit la saison, il n'est pas difficile de trouver deux ou trois sortes de feuillage. Du modeste troène aux splendides feuilles exotiques, les possibilités sont innombrables.

1 Trempez la mousse synthétique dans l'eau et fixez-la dans la coupelle avec du ruban.

2 Pliez le fil de fer en épingle à cheveux et plantez-le dans la mousse végétale pour la fixer sur la mousse synthétique, autour du rebord de la coupelle, comme une bordure.

3 Disposez d'un côté les grevilleas qui vont déterminer la hauteur de la composition. Puis continuez, en les répartissant vers l'avant par ordre de taille décroissant, jusqu'à ce que les feuilles touchent le bord de la coupelle. Procédez de même avec les plantes crevettes, selon une diagonale opposée, plus courte, et complétez avec les fougères.

4 Soulignez l'alignement de grevilleas en y insérant quelques larges feuilles de pittosporum. Terminez avec le cotonéaster, réparti régulièrement.

GERBERAS DANS DES BOUTEILLES VARIÉES

• • •

FOURNITURES

...

colorant alimentaire rouge

...

colorant alimentaire jaune

...

carafon

...

6 bouteilles ou vases à col étroit

...

12 gerberas
de couleurs différentes

...

ciseaux

Les gerberas possèdent des tiges minces et flexibles qui ont tendance à ployer. Pour remédier à cet inconvénient, enveloppez-les toutes ensemble dans du papier, sur les trois quarts supérieurs des tiges, et mettez-les dans l'eau froide pendant 2 heures.

La réussite d'une composition florale ne dépend pas toujours de sa sophistication. Bien au contraire, pour beaucoup la sobriété est l'image même du raffinement.

La fleur de gerbera est éclatante de simplicité et elle existe dans une large gamme de tons. La qualité très graphique de sa forme autorise une présentation moderne, gaie et audacieuse. C'est ce que propose cet agencement de fleurs uniques, dans une succession de vases séparés. Sa vivacité se reflète jusque dans l'eau, elle aussi colorée.

1 Versez un peu de chaque colorant dans le carafon avec de l'eau et agitez pour mélanger. Versez ce mélange dans les différents vases. Dans la mesure du possible, variez les tailles et les formes des récipients ainsi que l'intensité de la couleur. En aucun cas, le colorant alimentaire n'est nocif pour les fleurs.

2 Coupez les tiges des gerberas à la longueur souhaitée et en biais. Placez-les individuellement dans les bouteilles, ou par deux ou trois selon la largeur du col. Disposez toutes les bouteilles harmonieusement, en ajoutant éventuellement quelques accessoires colorés.

DÉCOR DE TABLE AVEC DES PLANTES EN POTS

• • •

Il est possible de s'épargner le long travail de préparation qu'implique la réalisation d'une composition florale en se servant de plantes en pots. Un décor de table n'est pas nécessairement un arrangement traditionnel de fleurs coupées. Est réuni ici un assortiment intéressant de petites plantes très variées, de tailles différentes. On a aussi diversifié leur hauteur en les plantant dans des pots en terre cuite de dimensions différentes.

Enfin, pour unifier visuellement l'ensemble, les pots sont regroupés parmi des bougies de couleurs différentes. Chaque bougie est posée sur une feuille à la fois décorative et destinée à recueillir les coulures de cire.

Sortez les plantes de leur contenant en plastique pour les placer dans les pots en terre cuite. Arrosez-les bien. Recouvrez le dessus de la terre de mousse, en vous assurant que l'écoulement se fera correctement. Disposez les pots sur la table. Posez les bougies sur des feuilles suffisamment grandes pour être visibles et pour recueillir les coulures de cire.

FOURNITURES

. . .

2 pensées

. . .

2 choux d'ornement

. . .

saintpaulia (violette-du-Cap)

. . .

cyclamen

. . .

6 petits pots en terre cuite de tailles différentes

. . .

mousse végétale

. . .

grosses bougies

. . .

feuilles larges

Les pots peuvent être plus ou moins nombreux, selon les dimensions de la table, et occuper une autre place dans la maison en dehors des dîners de fête. Surveillez la combustion des bougies et ne les laissez pas brûler à moins de 5 cm (2 po) des plantes.

ROSES JAUNES ET COLOQUINTES

• • •

FOURNITURES

. . .

morceau de mousse synthétique

. . .

couteau

. . .

vasque en marbre ou coupelle

. . .

ruban adhésif de fleuriste

. . .

5 petites coloquintes

. . .

fil de fer de 0,71 mm

. . .

10 millepertuis

. . .

10 roses jaunes branchues

. . .

ciseaux

La beauté de cette composition résulte de l'emploi d'une seule variété de fleur avec un unique type de feuillage. Les petites coloquintes ajoutent du poids à cette composition. La même teinte abricot se retrouve dans les fleurs, les coloquintes et le vase et elle contraste avec les baies rouges sombres et les fleurs jaune vif du feuillage.

1 Imbibez la mousse synthétique d'eau et coupez-la aux dimensions de la vasque. Fixez-la avec du ruban adhésif.

2 Disposez le millepertuis en fonction de la hauteur, de la largeur et de la profondeur du bouquet souhaité. Le millepertuis du commerce possède souvent des tiges longues et droites, garnies de multiples rameaux. Sachez tirer pleinement parti de ces derniers.

3 Montez chaque coloquinte sur fil de fer. Faites passer un fil en travers, près de sa base, puis un second, perpendiculaire au premier, et rabattez à la verticale les quatre extrémités des fils, qui seront plantées dans la mousse synthétique.

4 Placez les coloquintes au milieu du feuillage, les unes plus en retrait que les autres.

5 Complétez la composition en insérant les roses. Comme le millepertuis, les roses jaunes sont très fournies en petits rameaux que vous pouvez avantageusement utiliser. Pour augmenter le volume du bouquet, placez les boutons de rose sur de longues tiges, en bordure, et, au milieu, les tiges plus fournies ou aux fleurs plus ouvertes.

Si vous remplacez les coloquintes par des citrons verts, vous donnerez plus de vivacité au bouquet, tandis que des prunes ou des raisins noirs lui ajouteront une note raffinée.

RONDE DE SERVIETTE EXOTIQUE

• • •

FOURNITURES

. . .

serviette

. . .

rameau de fleur de la passion

. . .

2 ou 3 feuilles de vigne vierge

. . .

lis gloriosa

. . .

fleur de célosie (crête-de-coq)

. . .

ciseaux

Les fleurs exotiques étant exceptionnellement vigoureuses, vous pouvez préparer la décoration des serviettes de table à l'avance : elles ne faneront pas.

Quand des plats orientaux seront au menu, ces ronds de serviette décoratifs, très faciles à réaliser, donneront à votre table la note d'exotisme qui convient. Une branche de fleur de la passion est nouée autour de chaque serviette de table, nœud dans lequel sont prises fleurs et feuilles.

1 Pliez la serviette et roulez-la de façon assez lâche. Enroulez un rameau de fleur de la passion au milieu, serrez en prenant garde de ne pas le casser et nouez-le.

2 Glissez sous le nœud les tiges de feuilles de vigne vierge, puis les différentes fleurs.

Décor de table champêtre

• • •

Ce décor de table se compose quatre pots en terre cuite contenant différentes plantes, qui sont réunis au centre d'une couronne de mousse synthétique, de bougies et de fenouil. C'est un arrangement plus original que les habituelles compositions placées dans une coupelle ou un vase.

1 Enfoncez les bougies dans la mousse synthétique imbibée d'eau, tout autour de la couronne, à égale distance les unes des autres. Tapissez les pots de Cellophane. Mettez les morceaux de mousse à tremper, coupez-les aux dimensions requises et placez-les dans les pots.

2 Massez le fenouil autour de la couronne, entre les bougies, puis regroupez les pots de fleurs. Il est préférable que chaque pot ne contienne qu'une seule plante. Mettez la couronne en place, les pots au milieu.

Fournitures

. . .

6 bougies

. . .

couronne de mousse synthétique de 30 cm (12 po) de diamètre

. . .

4 pots en terre cuite

. . .

Cellophane (ou feuille de plastique)

. . .

ciseaux

. . .

2 blocs de mousse synthétique

. . .

fenouil

. . .

romarin

. . .

menthe

. . .

marjolaine

. . .

baies d'obier

Cette décoration peut être démontée et les différents éléments servir en d'autres occasions. Même séchés, les pots d'herbes aromatiques seront encore utiles. Surveillez la combustion des bougies.

SURTOUT DE TABLE DE FLEURS ET DE FRUITS

• • •

Dans cette composition, la rondeur charnue des fruits complète la beauté épanouie des fleurs. Les rouges et les pourpres somptueux des raisins et des figues s'harmonisent magnifiquement avec les profondes tonalités des inflorescences, comme l'éclat des fruits se marie au velouté des roses pour le plaisir des yeux. L'ensemble crée une merveilleuse luxuriance.

FOURNITURES

. . .

panier

. . .

Cellophane (ou feuille de plastique)

. . .

2 morceaux de mousse synthétique

. . .

ciseaux

. . .

ruban adhésif de fleuriste

. . .

botte de lierre grimpant

. . .

3 grappes de raisins noirs

. . .

fil de fer de 0,71 mm

. . .

6 figues fraîches

. . .

15 mufliers

. . .

15 amarantes

. . .

15 astilbes

. . .

20 roses rouges

. . .

5 hortensias

1 Tapissez le panier de Cellophane et placez-y les morceaux de mousse synthétique imbibés d'eau. Égalisez les bords de la Cellophane. Si vous devez déplacer le panier, fixez la mousse avec du ruban adhésif.

2 Déterminez la forme générale du bouquet en fonction de celle du panier et de ses dimensions, en disposant les branches de lierre sur toute la mousse synthétique.

3 Montez les grappes de raisins sur support double avec du fil de fer. Placez-les vaguement en diagonale et légèrement dans le fond, en les manipulant avec délicatesse.

4 Plantez un fil de fer en travers de chaque figue et rabattez les deux extrémités à la verticale. Piquez les figues par deux dans la mousse synthétique, vers le milieu.

5 Accentuez la forme arrondie du bouquet en disposant les mufliers, les amarantes et les astilbes. Ajoutez ensuite les roses, régulièrement réparties. Enfin, pour donner plus de profondeur à la composition, enfoncez bien les hortensias dans la mousse que vous arroserez tous les jours.

Si, dans cette composition, les éléments sont relativement nombreux, l'effet d'ensemble justifie pleinement leur diversité.

BOUQUET DE ROSES ANCIENNES

• • •

Ces roses anciennes, pleinement épanouies dans un vase un peu désuet, confèrent à ce bouquet un caractère très romantique et raffiné, qui lui vaudra une place de choix dans la maison, quel que soit le décor intérieur.

FOURNITURES

. . .

récipient étanche s'insérant dans un pot de fleurs

. . .

pot de fleurs bas, à l'aspect patiné

. . .

pichet

. . .

diverses roses de jardin, à tiges courtes et longues

. . .

ciseaux

L'idée directrice de cette composition est de réunir plusieurs variétés de roses aux pétales fins comme du papier de soie, qui créeront un très subtil mélange de teintes et de parfums.

1 Placez le récipient étanche dans le pot de fleurs et remplissez-le d'eau. Remplissez aussi le pichet. Retirez épines et feuilles basses des roses.

2 Mettez les fleurs à longues tiges dans le pichet, serrées les unes contre les autres : de cette façon, les tiges resteront droites et absorberont bien l'eau.

3 Réunissez les fleurs à tiges courtes, plus épanouies, dans le récipient étanche du pot de fleurs, les têtes dépassant juste du rebord du pot. Il est préférable ici de placer toutes les têtes à la même hauteur ou très légèrement en forme de dôme. Si les fleurs ne sont pas assez nombreuses, utilisez un morceau de mousse synthétique ou de grillage pour les positionner comme vous le souhaitez.

BOUQUETS CHAMPÊTRES BLEUS ET JAUNES

• • •

FOURNITURES

. . .

2 petits vases

. . .

3 heleniums

. . .

5 feuilles de vigne vierge

. . .

3 pieds-d'alouette

. . .

2 campanules

. . .

3 petites feuilles de vigne

. . .

raphia

. . .

ciseaux

Choisissez le vase en fonction des dimensions de la table et des proportions de vos fleurs. Si la table n'est pas très grande, veillez à ce que le volume du bouquet ne gêne pas. Un vase trop petit pour de grandes fleurs risque de se renverser. Il faudra changer l'eau ou, du moins, en remettre chaque jour.

Rien n'est plus banal que de décorer une table avec un vase de fleurs. Toutefois, celui-ci n'est pas nécessairement fade. Les exemples présentés ici, aux couleurs primaires, prouvent le contraire. Avec un peu d'imagination, le plus simple des vases offre d'intéressantes possibilités.

1 Remplissez les vases aux trois quarts d'eau. Coupez les tiges des heleniums en biais, à une longueur correspondant à la hauteur du vase choisi. Disposez-les et placez les feuilles de vigne vierge autour, de telle sorte qu'elles encadrent les fleurs.

2 Placez deux ou trois tiges de pied-d'alouette dans le vase, avec quelques vrilles porteuses de boutons qui sont très jolies. Taillez les feuilles assez larges de la campanule avant de les insérer dans le bouquet. Autour du col du vase, ajoutez quelques feuilles de vigne et un nœud de raphia.

CORBEILLE D'ÉTÉ

• • •

Avec l'été revient l'abondance de végétaux aux formes et aux couleurs éclatantes qui font le bonheur du créateur de bouquets. Délicats parfums, corolles à l'émouvante beauté et innombrables teintes subtiles multiplient les possibilités de combinaisons.

Voilà une corbeille qui témoigne somptueusement de cette richesse saisonnière. Conçue pour décorer une grande table, elle peut aussi être réduite ou agrandie en fonction de l'espace disponible.

1 Tapissez le panier de Cellophane pour le rendre étanche.
Puis fixez-y, avec du ruban adhésif, les deux blocs de mousse, préalablement trempés dans l'eau.

2 Plantez les branches de laurier-tin dans la mousse : elles détermineront l'armature du bouquet. Soulignez-en les contours avec les pieds-d'alouette. Utilisez toute la tige et non pas uniquement les extrémités fleuries.

3 Disposez les lis en une ligne diagonale. Introduisez les feuilles de lierre autour des lis, au centre. Disposez les phlox le long d'une diagonale opposée à celle des lis.

FOURNITURES

. . .

panier

. . .

Cellophane
(ou feuille de plastique)

. . .

ciseaux

. . .

ruban adhésif de fleuriste

. . .

2 blocs de mousse synthétique

. . .

10 branches
de laurier-tin

. . .

15 pieds-d'alouette
en trois couleurs

. . .

6 lis « Stargazer »

. . .

5 grandes feuilles de lierre

. . .

10 phlox blancs

Si vous n'oubliez pas de l'arroser, cette corbeille durera au moins une semaine. En général, dans la mousse synthétique, les lis s'épanouissent et les boutons de phlox s'ouvrent.

COMPOSITION EXOTIQUE

• • •

Cette composition est un régal pour les yeux. Avec ses fleurs d'un rouge vif, ses feuilles veinées de jaune et de vert, elle éclate d'une gaieté toute tropicale. Les petits pétales en forme de flammes du lis gloriosa contrastent avec le velouté des fleurs de célosie, créant un jeu d'ombre et de lumière très riche. L'éclat du vase en céramique jaune ajoute une note de couleur à ce décor de table pour un dîner en joyeuse compagnie.

FOURNITURES

. . .

grillage

. . .

bol

. . .

10 feuilles de croton

. . .

10 lis « Vallota » rouges

. . .

7 célosies (crêtes-de-coq)

. . .

7 lis gloriosa

. . .

fil de fer de 0,71 mm

. . .

ciseaux

. . .

mangue

Avant d'entreprendre votre composition, choisissez bien le récipient. S'il est trop grand, le bouquet risque de gêner les échanges entre vos invités.

1 Froissez un morceau de grillage en boule et placez-le au fond du bol que vous remplirez aux trois quarts d'eau. Répartissez les feuilles de croton tout autour, en enfilant les tiges dans les trous du grillage.

2 Répartissez les lis « Vallota » en enfilant également les tiges entre les mailles du grillage.

3 Coupez les tiges des crêtes-de-coq (célosies) à 15-20 cm (6-8 po) de long. Après en avoir retiré toutes les feuilles basses qui risqueraient de pourrir dans l'eau, insérez-les dans le bouquet, comme les autres fleurs.

4 Coupez également les tiges de lis gloriosa à 15-20 cm (6-8 po) de long et enfilez-les dans les trous du grillage. Assurez-vous que la répartition est homogène.

5 Plantez des fils de fer de 0,71 mm doublés à la base de la mangue et coupez-les à environ 15-20 cm (6-8 po) de long. Écartez délicatement les corolles des fleurs pour insérer la mangue bien au fond, légèrement décalée par rapport au centre, en introduisant les fils de fer dans le grillage. Vérifiez que toutes les tiges trempent bien dans l'eau.

Prenez garde, en manipulant la mangue, de ne pas en abîmer la peau qui est fragile.

TULIPES COMPOSÉES EN ARBRE ORNEMENTAL

• • •

Les fleurs qui composent cet arbre ornemental très original ne sont pas ces tulipes communes qui n'ont qu'une seule rangée de pétales : celles-ci en comptent plusieurs, avec des pétales de tailles différentes, et leur aspect très fourni les apparente aux pivoines.

FOURNITURES

. . .

bloc de mousse synthétique pour fleurs séchées

. . .

couteau

. . .

panier

. . .

bâtons de cannelle

. . .

raphia

. . .

colle et pistolet à colle

. . .

fil de fer de 0,71 mm

. . .

boule de mousse synthétique d'environ 15 cm (6 po) de diamètre

. . .

lichen

. . .

fleurs de tulipes bien épanouies

. . .

ciseaux

Pour obtenir le meilleur résultat, les fleurs doivent être largement ouvertes et il faut mettre à nu leurs multiples rangées de pétales. Plus volumineuses, elles peuvent ainsi être moins nombreuses.

1 Découpez le morceau de mousse synthétique aux dimensions du panier dans lequel vous le placez. S'il est instable, vous pouvez le lester avec du sable mouillé, des cailloux ou du plâtre. Attachez les bâtons de cannelle en haut et en bas avec du raphia et fixez ce tronc d'arbre improvisé dans la mousse, sur 4 cm (1 ½ po) de profondeur, avec de la colle.

2 Pliez le fil de fer en épingles à cheveux qui vous permettront de fixer le lichen sur la mousse synthétique sèche qu'il doit recouvrir entièrement.

3 Imbibez la boule de mousse synthétique d'eau froide. Appliquez soigneusement une goutte de colle chaude à l'extrémité des bâtons de cannelle et enfoncez dessus la boule d'environ 4 cm (1 ½ po).

4 En tenant les tulipes entre les doigts, écartez doucement les pétales, jusqu'à retourner complètement ceux qui se trouvent normalement à l'extérieur.

5 Coupez les tiges à 4 cm (1 ½ po) environ de la fleur et piquez-les dans la boule de mousse synthétique mouillée dont vous recouvrirez entièrement la surface. Prenez soin de ne pas écraser les fleurs.

PANIER DE JACINTHES ET DE LIS EN POTS

• • •

FOURNITURES

. . .
grand panier en fil de fer
. . .
mousse végétale
. . .
Cellophane (ou feuille de plastique)
. . .
ciseaux
. . .
3 pots de lis en fleur (3 plants par pot) « Mona Lisa »
. . .
3 bulbes de jacinthe en fleur
. . .
8 branches de cornouiller à l'écorce rouge
. . .
raphia

Les branches rouges de cornouiller, liées avec du raphia, forment tout autour du bouquet une structure de soutien décorative. On obtiendra un aspect moins rustique en utilisant des cannes de bambou liées avec des rubans de velours de couleurs différentes.

Si votre budget est plutôt serré, le moyen le plus économique de réaliser une grande composition florale est de réunir des plantes en pots.

Cette décoration associe deux espèces différentes de fleurs qui continueront à pousser et à s'épanouir pendant plusieurs semaines. Les boutons de lis vont s'ouvrir les uns après les autres et leur parfum, mêlé à celui des jacinthes, embaumera l'atmosphère.

1 Tapissez le panier d'une couche de mousse que vous recouvrirez d'une feuille de Cellophane pour qu'elle reste humide. Égalisez les bords.

2 Installez dans le panier les plants de lis avec leur motte de terre respective. Intercalez les bulbes de jacinthe et recouvrez d'un tapis de mousse.

3 Plantez dans la mousse et la terre quatre branches de cornouiller, disposées en carré autour des plantes. Puis surmontez-les de quatre branches horizontales formant un cadre que vous attacherez avec du raphia. Égalisez les extrémités de raphia en surplus.

VASE D'ANÉMONES BLANCHES

• • •

Ce joli bouquet, qui réunit des mûres en branches, des fruits d'églantier, et des anémones du jardin, est d'une grande simplicité. Il est ravissant dans ce vase plein de charme.

FOURNITURES

...

vase

...

mûres en branches

...

branches d'églantier avec des fruits

...

anémones blanches « Honorine Jobert »

...

feuilles de vigne

...

ciseaux

C'est souvent avec les éléments les plus simples que l'on crée les plus jolis bouquets. Mais, en l'absence de mousse synthétique ou de grillage, il convient de prêter attention à l'aspect visuel du vase, qui ne doit pas desservir les fleurs. Les églantiers ont, comme les ronces, des branches épineuses. Il faut les manipuler avec soin et retirer toutes les épines. Elles ont l'avantage de constituer un cadre solide pour soutenir les fragiles anémones. Les feuilles de vigne, autour du col du vase, ajoutent une note raffinée à l'ensemble.

1 Remplissez le vase d'eau et disposez les branches de ronces de manière à former la structure du bouquet. Continuez à organiser harmonieusement le bouquet avec les branches d'églantier.

2 Répartissez avec beaucoup de délicatesse les anémones qui sont des fleurs extrêmement fragiles.

3 Placez les feuilles de vigne autour du col du vase, leurs tiges trempant dans l'eau, à la manière d'une collerette de verdure.

GARNITURE DE CORBEILLE EN HORTENSIAS

• • •

Avec de beaux hortensias grimpants, bien épanouis, et quelques feuilles d'automne, un vieux panier en osier se métamorphose en une superbe corbeille. Que vous y mettiez des fruits ou un pot-pourri, c'est un élément décoratif que vous conserverez longtemps dans la maison.

FOURNITURES

. . .

30 feuilles d'automne

. . .

fil de fer de 0,71 mm

. . .

30 fleurs d'hortensia grimpant tardif

. . .

ciseaux

. . .

panier

. . .

fil de cuivre de 0,32 mm

Les fleurs d'hortensia, cueillies tard dans la saison, ont eu le temps de s'affermir et ne se flétriront pas par manque d'eau. Jointes à des feuilles d'automne suffisamment souples pour être montées sur fil de fer, elles forment une bordure décorative qui séchera sans perdre de son éclat.

1 Montez les feuilles en les cousant sur double support avec du fil de fer.

2 Montez sur des grappes d'hortensia sur double support avec du fil de fer.

3 Enfilez feuilles et grappes d'hortensia entre les interstices du panier, suffisamment rapprochées pour bien garnir tout le pourtour. Attachez-les avec du fil de cuivre de 0,32 mm.

4 Quand la bordure est terminée, arrêtez les points de couture en repassant plusieurs fois le fil de cuivre dans les interstices du panier. Placés dans un lieu aéré, les hortensias vont sécher et durer longtemps.

ARBRE AUX CHOUX

• • •

FOURNITURES

. . .

pot en terre cuite de taille moyenne

. . .

Cellophane (ou feuille de plastique)

. . .

sable

. . .

bloc de mousse synthétique pour fleurs séchées

. . .

couteau

. . .

morceau de racine d'arbre

. . .

sphaigne

. . .

fil de fer de 0,71 mm

. . .

ficelle

. . .

ciseaux

. . .

10 petits choux ornementaux

Ici, le « tronc » de l'arbre n'est autre qu'un morceau de racine au sommet de laquelle est attaché un morceau de mousse retenant bien l'eau. Les choux sont fixés par des fils de fer sur la boule de mousse dont ils absorberont l'humidité. Une simple vaporisation de temps en temps suffira à leur assurer une longévité d'au moins une semaine.

On peut créer des arbres ornementaux avec toutes sortes d'éléments et pour décorer des lieux très divers. L'originalité de celui-ci provient du choix des choux comme « fausse » frondaison.

1 Tapissez le fond du pot de Cellophane et remplissez-le à moitié de sable mouillé pour plus de stabilité. Coupez un morceau de mousse synthétique aux dimensions du pot dans lequel vous le placez, au-dessus du sable.

2 Plantez la racine dans la mousse synthétique, d'un seul geste sûr, car plusieurs tentatives compromettraient la stabilité du « tronc » (vous pouvez enduire la racine de colle avant de l'introduire). Formez une grosse boule avec les brins de sphaigne entourés de ficelle.

3 Posez la boule au sommet de la racine. Fixez-la avec des fils de fer que vous enfilez au travers de la mousse et laissez pendre pour les ficeler autour de la racine.

4 Montez les choux sur des supports doubles et fixez un fil de fer à chaque feuille séparée.

5 Plantez les supports des choux dans la boule de mousse, de manière à la recouvrir entièrement. Comblez les interstices avec les feuilles détachées.

6 Pliez le fil de fer en épingles à cheveux pour fixer la sphaigne sur la mousse synthétique, au pied de l'arbre, en prenant soin de la recouvrir entièrement.

COMPOSITION DE TOURNESOLS

• • •

Cette composition, montée sur un pique-fleurs, montre un flamboyant agencement, assez minimaliste et informel, de fleurs de tournesol sur fond de branches de noisetier, que n'éclipse aucun gros bouquet d'autres fleurs, aussi prestigieuses soient-elles.

FOURNITURES

. . .

pique-fleurs

. . .

coupelle en céramique

. . .

35 branches noueuses de noisetier

. . .

9 tournesols

. . .

ciseaux

. . .

5 grandes feuilles de lierre

Le pique-fleurs permet, en l'absence d'un large récipient, de composer des arrangements à la fois très élaborés et sobres. Grâce au poids du pique-fleurs, des fleurs aussi lourdes que des soleils demeurent droites et stables, dès lors que leur tige est bien soutenue par les pointes de métal.

1 Placez le pique-fleurs dans la coupelle et couvrez-le d'eau. Plantez-y les branches de noisetier pour former l'armature de la composition.

2 Disposez les fleurs de tournesol en plantant les tiges dans les pointes de métal. Échelonnez les fleurs en mettant les plus petites en haut, sur de grandes tiges, les plus grosses au centre. Placez deux ou trois fleurs en retrait par rapport aux autres et une sur le rebord de la coupelle, qui prolongera la ligne, en accord avec les branches de noisetier.

3 Insérez les feuilles de lierre autour du centre et vers le bas de la composition : elles lui donneront de la profondeur et leur vert foncé fera ressortir le jaune éclatant des fleurs.

Bouquet d'Arums Jaunes

• • •

Cette composition met en valeur l'éclatante beauté de l'arum jaune grâce à un contraste coloré qui fait ressortir l'extraordinaire luminosité de cette fleur sur les nuances subtiles de bleu et de vert des plantes qui l'accompagnent.

Les ornithogales présentent des tiges d'un vert froid et des fleurs à la corolle blanc crème enchâssant une petite perle noire qui donne, elle aussi, du poids à la composition.

La viorne, avec ses baies d'un bleu foncé métallisé, encadre habilement le bouquet et établit un lien entre les deux fleurs qu'elle côtoie.

FOURNITURES

. . .

pique-fleurs

. . .

coupelle

. . .

10 branches de viorne avec ses baies

. . .

11 branches d'ornithogale

. . .

5 arums

. . .

ciseaux

Cette composition repose sur un pique-fleurs qui, devenu invisible, ne peut plus distraire le regard.

1 Couvrez d'eau le pique-fleurs placé dans la coupelle. Plantez les branches de viorne dans les pointes du pique-fleurs de façon à ce que son feuillage crée l'armature de la composition, en hauteur et en largeur.

2 Disposez les ornithogales suivant une ligne diagonale, parmi le feuillage de viorne, en variant la hauteur des tiges.

3 Plantez les arums dans les pointes de métal suivant approximativement une ligne en S : la plus petite fleur en haut et légèrement en retrait, la plus grosse au milieu et en avant.

CORBEILLE DE CROCUS D'AUTOMNE

• • •

Disposez dans une corbeille quelques bulbes de crocus, recouverts d'un tapis de mousse et de feuilles mortes. Cet arrangement n'a rien à envier aux bouquets les plus sophistiqués.

FOURNITURES

. . .

corbeille

. . .

Cellophane (ou feuille de plastique)

. . .

6 bulbes de crocus en fleur

. . .

mousse végétale

. . .

feuilles d'automne

. . .

raphia coloré

. . .

ciseaux

Si l'on attend impatiemment la floraison des crocus de printemps, ceux d'automne offrent un spectacle bien réconfortant lorsqu'ils percent au milieu des feuilles mortes. Il serait dommage de les confiner au jardin.

1 Tapissez la corbeille de Cellophane et installez les bulbes avec leur terre.

2 Assurez-vous que les bulbes sont stables et suffisamment humidifiés. Recouvrez-les de mousse et éparpillez quelques feuilles mortes, comme dans la nature.

3 Ajoutez un nœud de raphia de chaque côté, aux deux extrémités de l'anse.

BOUGEOIR D'AUTOMNE

• • •

FOURNITURES

. . .

bloc de mousse synthétique

. . .

ciseaux

. . .

bougeoir en métal

. . .

6 pommes sauvages

. . .

1 petite coloquinte

. . .

fil de fer de 0,71 mm et 0,38 mm

. . .

3 physalis (amours-en-cage)

. . .

millepertuis en fleur

. . .

2 roses jaunes

. . .

bougie en cire d'abeille

Les bougies confectionnées avec de la véritable cire d'abeille ont la couleur du miel et une texture soignée, ce qui les désigne comme l'accompagnement idéal de ce type de décoration.

Les fruits d'automne que sont les amours-en-cage, les pommes sauvages ou les coloquintes trouvent magnifiquement leur place dans ce décor de bougeoir, aussi charmant que substantiel. Les riches coloris de ces fruits, alliés au rouge profond des fleurs de millepertuis, exaltent la somptuosité de la teinte abricot des roses.

1 Plongez la mousse synthétique dans de l'eau et découpez-la en petits morceaux que vous pourrez mettre dans le rebord du bougeoir, où vous les calerez.

2 Montez les pommes et la coloquinte sur le fil de fer de 0,71 mm et les physalis sur le fil de 0,38 mm. Coupez tous les fils à 4 cm (1 ½ po) de long.

3 En plantant les fils de fer dans la mousse, répartissez dans le bougeoir la coloquinte, deux groupes de trois pommes et les trois physalis.

4 Insérez le millepertuis entre les fruits, en plantant les tiges écourtées dans la mousse synthétique.

5 Coupez les tiges des roses de manière à pouvoir les insérer au milieu du feuillage. Piquez les tiges de boutons de rose à l'extérieur et celles des roses plus épanouies près du centre. N'oubliez pas de laisser libre l'emplacement de la bougie.

Surveillez la combustion des bougies et ne les laissez pas brûler à moins de 5 cm (2 po) au-dessus de la décoration.

Bouquet bleu et jaune dans un pichet

• • •

Les pétales jaunes de l'helenium deviennent presque fluorescents au voisinage du bleu si intense des pieds-d'alouette « Blue Butterfly », association colorée susceptible d'égayer n'importe quel espace. Dans ce bouquet, très facile à composer en spirale à la main, placé dans un simple pichet, il semble que les fleurs viennent à peine d'être cueillies.

Fournitures

. . .

10 pieds-d'alouette « Blue Butterfly »

. . .

2 bottes d'helenium

. . .

3 feuilles de dracæna

. . .

pichet

. . .

raphia

. . .

ciseaux

Le choix du vase, qui joue un rôle majeur dans la composition, est important. Ce pichet jaune confère au bouquet un aspect rustique, mais les mêmes fleurs apparaîtraient plus sophistiquées dans un vase en verre de style contemporain.

1 Étalez devant vous les différentes fleurs. Ajoutez alternativement fleurs et feuilles en tournant le bouquet qui grossit ainsi en spirale.

2 Continuez jusqu'à ce que tous les éléments aient trouvé place dans le bouquet. Au point d'attache, là où les tiges se croisent, nouez le raphia. Coupez les tiges en fonction de la hauteur du vase.

GROS BOUQUET DE DAHLIAS

• • •

Les dahlias fleurissent abondamment pendant tout l'été et jusqu'aux premiers froids de l'automne, offrant de superbes nuances de couleurs et de formes. Leur structure, à la fois complexe et parfaitement géométrique, ne manque jamais d'apporter vigueur et consistance à un arrangement floral, même en compagnie d'églantier aux fruits rouge vif ou de frêles campanules.

FOURNITURES

. . .

grand pot étanche

. . .

15 campanules

. . .

10 églantines à longues tiges

. . .

ciseaux

. . .

30 dahlias pompon

Ces magnifiques dahlias pompon possèdent de longues tiges droites et lisses qui facilitent leur agencement en un volumineux bouquet. Ils se plaisent aussi dans la mousse synthétique.

1 Remplissez le pot aux trois quarts d'eau. Créez la forme générale arrondie du bouquet à l'aide de la campanule très feuillue.

2 Retirez les épines de l'églantier et coupez les tiges selon la hauteur voulue, afin de les répartir tout en respectant la forme de dôme arrondi de l'ensemble.

3 Coupez les tiges de dahlia à la hauteur voulue pour les répartir régulièrement, comme les branches d'églantier, sans déranger la structure du bouquet.

DESSUS DE CHEMINÉE

• • •

Le dessus de la cheminée est l'emplacement idéal pour un bouquet qui sera admiré de tous côtés. Il faudra songer non seulement à l'équilibre des masses mais aussi, à celui de la composition elle-même qui, le dessus d'une cheminée étant étroit, aura tendance à basculer vers l'avant. Il conviendra donc de porter le poids des fleurs plutôt vers l'arrière et le plus bas possible.

Les branches de fragon et d'euphorbe, longues et très légères, se prêtent particulièrement bien à cette forme d'arrangement. Elles peuvent s'étendre à l'horizontale ou pendre verticalement et elles donnent naturellement, avec les branches de bouleau, sa forme à la composition. L'assortiment de fleurs de couleurs vives contribue à l'éclat de ce bouquet.

FOURNITURES

. . .

bloc de mousse synthétique

. . .

plateau en plastique pour mousse synthétique

. . .

ruban adhésif de fleuriste

. . .

5 branches de bouleau

. . .

branches de fragon

. . .

branches d'euphorbe rouge

. . .

7 branches d'amarante dressée

. . .

5 chrysanthèmes branchus

. . .

5 alstroemères

. . .

7 eustomas

. . .

ciseaux

Seule ou associée avec l'ornement de cheminée (montré page ci-contre et expliqué dans la page suivante), cette composition florale décore superbement un dessus de cheminée et égaye toute la pièce.

1 Trempez le bloc de mousse synthétique dans l'eau froide et fixez-le sur le plateau en plastique avec du ruban adhésif. Placez le tout au centre de votre dessus de cheminée.

2 Déterminez la structure du bouquet en largeur et en hauteur, en disposant les branches de fragon et de bouleau dans la mousse synthétique. Dissimulez le récipient avec le fragon.

3 Ajoutez vers l'avant les euphorbes rouges et les amarantes, régulièrement réparties pour souligner la structure du bouquet.

4 Les chrysanthèmes doivent rayonner au centre de l'arrangement. Distribuez-les librement de part et d'autre de l'axe vertical. Ajoutez les alstroemères, dont un ou deux en retrait pour donner de la profondeur.

5 Une branche d'eustoma de bonne qualité présente deux ou trois tiges latérales. Détachez-les pour en tirer le meilleur parti. Placez les boutons vers l'extérieur, les fleurs bien épanouies plutôt au centre, certaines en retrait pour donner de la profondeur.

ORNEMENT DE CHEMINÉE

• • •

FOURNITURES

. . .

2 blocs de mousse synthétique

. . .

ruban adhésif de fleuriste

. . .

panier tapissé

. . .

10 branches de fragon

. . .

6 branches de bouleau

. . .

10 branches d'euphorbe rouge

. . .

5 lis orangés

. . .

5 alstroemères rouges

. . .

5 chrysanthèmes branchus

. . .

10 tulipes orange

. . .

10 eustomas

. . .

ciseaux

Dans une pièce, la cheminée est un endroit privilégié où se porte le regard. En l'absence de feu, trompez la tristesse d'une grille de foyer éteint grâce à un flamboyant bouquet.

Les flammes sont ici celles des rouges, des orangés et des jaunes ardents des euphorbes, des alstroemères, des tulipes, des lis et des chrysanthèmes. Cette palette richement colorée est encore rehaussée par le pourpre des eustomas. Les branches souples du fragon et celles, austères, de bouleau définissent l'architecture de l'ensemble.

1 Trempez la mousse synthétique dans l'eau et fixez-la avec du ruban adhésif dans le panier que vous placerez dans le foyer.

2 Disposez le fragon et les branches de bouleau de façon à créer une armature végétale. Profitez des branches pendantes du fragon pour étendre le bouquet vers l'avant.

3 Les euphorbes doivent souligner la forme générale de l'arrangement et en établir la hauteur. Les lis vont ponctuer le bouquet en diagonale et les alstroemères feront contrepoids, selon la diagonale opposée, avec des tiges de longueurs décroissantes, de l'arrière vers l'avant.

4 Disposez les chrysanthèmes dans le sillage des lis, en réduisant aussi la longueur des tiges de l'arrière vers l'avant. Répartissez librement tulipes et eustomas, en plaçant les eustomas les plus ouvertes au centre.

ARUMS BLANCS DANS UN VASE

• • •

D'un blanc immaculé et d'une inégalable élégance, majestueux, l'arum se suffit à lui-même, accompagné tout au plus d'un feuillage. Il se trouve ici en compagnie de quelques branches de saule et de larges feuilles d'aucuba qui, discrètes, se contentent de servir d'écrin à sa beauté.

1 Remplissez le vase aux trois quarts d'eau. Disposez les branches de saule de manière à définir la hauteur du bouquet. Coupez l'extrémité des tiges en biais puis soulevez l'écorce sur 5 cm (2 po) et tirez pour l'arracher.

2 Disposez les arums à différentes hauteurs, au milieu des branches qui servent ainsi de tuteur aux fleurs, selon un rythme harmonieux.

3 Pour donner plus d'épaisseur au bouquet et faire ressortir les arums blancs, répartissez les feuilles d'aucuba.

FOURNITURES

. . .

vase

. . .

branches de saule tortueux

. . .

ciseaux

. . .

6 arums blancs

. . .

2 branches bien fournies d'aucuba « Gold Dust »

Le choix du vase est ici primordial. Une forme très épurée, en verre ou en métal, s'impose. Le récipient doit constituer un agréable complément à la beauté sculpturale de l'arum.

SURTOUT DE TABLE AU CHANDELIER

• • •

FOURNITURES

. . .

couronne de mousse synthétique de 30 cm (12 po) de diamètre

. . .

chandelier

. . .

20 branches de laurier-tin en fleur

. . .

20 petites tiges de pieris panaché

. . .

15 lis blancs

. . .

ciseaux

. . .

10 asters pourpres

. . .

3 branches de lierre panaché

Surveillez la combustion des bougies et ne les laissez pas brûler à moins de 5 cm (2 po) de la décoration.

Le dîner aux chandelles évoque généralement un repas entre amoureux. Pourtant, rien de plus élégant et de plus classique que ce chandelier flottant au-dessus d'une somptueuse couronne de lis blancs et d'asters pourpres : c'est un décor qui convient à tout dîner de fête.

1 Mouillez la mousse synthétique à l'eau froide et placez le chandelier au milieu. Comme cet arrangement prévoit des branches de lierre qui vont s'attacher à la fois au chandelier et à la couronne, opérez *in situ*. Garnissez la couronne de feuillage en y plantant des tiges de laurier et de pieris d'environ 10 cm (4 po) de long.

2 Coupez les lis en laissant environ 7,5 cm (3 po) de longueur de tige pour les planter dans la mousse. Groupez les fleurs par trois, une bien épanouie au milieu et deux boutons de part et d'autre. Sachant que ceux-ci vont s'ouvrir dans les 24 heures, laissez-leur de la place.

3 Les asters possèdent généralement une solide tige centrale et de petites tiges latérales. Détachez-les. Coupez toutes les tiges à environ 10 cm (4 po) et répartissez-les régulièrement sur la couronne en les piquant bien dans la mousse.

4 Le lierre survit à l'absence d'eau mais, pour qu'il ne jaunisse pas trop rapidement, plantez l'extrémité de ses tiges dans la mousse humide avant de l'enrouler autour du chandelier, suffisamment loin des bougies pour raison de sécurité.

BRUT

BOUQUET ORANGE

• • •

FOURNITURES

. . .

panier en fil de fer

. . .

lichen

. . .

Cellophane (ou feuille de plastique)

. . .

morceau de mousse synthétique

. . .

couteau

. . .

ruban adhésif de fleuriste

. . .

10 branches de salal

. . .

ciseaux

. . .

7 lis orangés

. . .

10 tulipes orange

. . .

20 soucis

Le vert mat des feuilles de salal fait admirablement ressortir le bel orangé des lis, des tulipes et des soucis. Cette composition au sommet arrondi s'ancre dans de la mousse synthétique placée dans un panier en fil de fer.

1 Tapissez le panier d'une couche de lichen d'environ 3 cm (1 ¼ po) d'épaisseur et recouvrez-le de Cellophane. Coupez le morceau de mousse synthétique et fixez-le avec du ruban adhésif.

2 Piquez les branches de salal dans la mousse synthétique de manière à former un bouquet au sommet arrondi. Les feuilles, assez larges, pourraient risquer de masquer les fleurs, mais celles-ci ont une forme et une couleur suffisamment attractives.

3 Coupez les tiges des lis à la longueur voulue pour souligner la structure du bouquet et disposez-les régulièrement.

4 Répartissez les tulipes, en tenant compte du fait qu'elles vont continuer à pousser et que leur courbure naturelle aura tendance à se redresser.

5 Pour finir, ajoutez les soucis, régulièrement répartis. Attention, leurs tiges sont fragiles : prenez-y garde quand vous les plantez dans la mousse synthétique.

Ici, on doit être vigilant sur deux points : d'abord les tulipes vont continuer à pousser, ce dont il faut tenir compte dans la forme arrondie du bouquet, ensuite les boutons de lis vont s'entrouvrir, et il convient donc de leur laisser de la place.

ARUMS DANS UN VASE VÉGÉTAL

• • •

Voici une nouvelle manière de présenter les fleurs : les mettre dans un vase décoré d'éléments végétaux. On a utilisé ici des branches recouvertes de lichen qui présente l'avantage de bien sécher. Lorsque les fleurs seront fanées, le vase ainsi décoré, manipulé avec douceur, pourra recevoir une autre composition florale.

FOURNITURES

. . .
raphia
. . .
ciseaux
. . .
branches recouvertes de lichen
. . .
vase en verre
. . .
10 mufliers rouges
. . .
15 arums roses
. . .
3 feuilles d'arum

Si vous laissez les branches dépasser du bord supérieur du vase, elles feront partie intégrante du bouquet et elles serviront de support aux fleurs. Autre suggestion : collez des fleurs séchées, notamment des soleils, sur un vase en verre blanc.

1 Attachez solidement les branches autour du vase. Pour cela, posez à plat deux morceaux de raphia d'une longueur suffisante pour en faire le tour et un nœud. Posez les branches dessus et le vase par-dessus. Nouez le raphia autour du vase et des branches que vous égaliserez au niveau du pied du vase.

2 Relevez le vase à la verticale et remplissez-le aux trois quarts d'eau. Commencez par disposer les mufliers, plutôt vers l'arrière pour établir la hauteur et la largeur du bouquet.

3 Répartissez régulièrement les arums en variant la hauteur des tiges pour créer sur le devant un mouvement harmonieux. Ajoutez les feuilles en les échelonnant par hauteurs décroissantes vers l'avant afin de renforcer l'effet de profondeur.

BOUQUET DE BRANCHES HIVERNALES

• • •

Les fleurs coupées sont parfois très coûteuses en hiver, mais ce n'est pas une raison pour cesser de réaliser des bouquets. Celui-ci se compose de végétaux que l'on peut trouver dans un jardin en hiver. Il est très facile à composer et d'un volume permettant de décorer un lieu assez spacieux.

Le fin lichen adoucit la rudesse des branches de mélèze dénudées, tandis que les branches fleuries et parfumées de la viorne annoncent déjà le printemps. Enfin, le rouge sombre de l'écorce de cornouiller ajoute une note de vivacité qui persistera même lorsque le bouquet sera séché.

FOURNITURES

. . .

5 branches de mélèze couvertes de lichen

. . .

10 branches de cornouiller à l'écorce rouge

. . .

10 branches de Viorne (Viburnum x bodnantcnsc)

. . .

ciseaux et sécateurs

. . .

grand pot en céramique

1 Coupez les branches de mélèze de telle sorte qu'elles marquent la hauteur maximale du bouquet. Le haut du récipient doit se situer à un tiers environ de la hauteur totale.

2 Coupez les tiges de cornouiller pour les insérer au milieu des branches de mélèze, par ordre décroissant de taille, de l'arrière vers l'avant.

3 Ajoutez les branches fleuries de viorne, également par ordre décroissant de taille, de l'arrière vers l'avant. Retirez le bas de l'écorce ainsi que les fleurs basses qui trempéraient dans l'eau et fendez les branches un peu épaisses, pour faciliter l'absorption de l'eau.

N'oubliez pas, lorsque vous utilisez des branchages, de débarrasser l'extrémité inférieure des tiges de l'écorce et du lichen qui pourriraient dans l'eau, généreraient des bactéries nuisibles à la longévité du bouquet et dégageraient des odeurs nauséabondes.

PYRAMIDE DE LÉGUMES ET FINES HERBES

• • •

Les herbes aromatiques et certains légumes sont superbes à utiliser en arrangements ornementaux et plus encore quand on les mélange. C'est une composition particulièrement heureuse pour orner une table de buffet. Mais, en toute occasion, ce sera un très bel objet décoratif.

FOURNITURES

règle

crayon

morceau de mousse synthétique

couteau bien affûté

urne

7 radis

8 petits champignons de Paris

9 petites pommes de terre nouvelles

fil de fer de 0,71 mm

ciseaux

aneth

Helichrysum italicum

marjolaine

menthe

feuilles de laurier

L'urne baroque confère une grande élégance à cette pyramide. Si vous préférez un arrangement plus rustique, prenez un pot de fleurs en terre ou bien un panier garni de mousse.

1 À l'aide d'une règle, tracez au crayon les lignes de découpe du bloc de mousse synthétique. Découpez-le avec un couteau bien affûté et plongez-le dans l'eau froide avant de le placer de façon stable dans l'urne.

2 Montez tous les légumes sur fil de fer, que vous enfilez de part en part en laissant au moins 4 cm (1 ½ po) de tiges pour planter le légume dans la mousse synthétique. Attention, les champignons sont particulièrement fragiles et délicats à manipuler. Plantez les différents légumes par rangées circulaires successives, suivant un ordre choisi et de bas en haut.

3 Comblez les espaces entre les cercles de légumes avec les plantes aromatiques, une par rangée. Enfin, choisissez quelques feuilles de laurier de même taille, que vous planterez dans la mousse synthétique le long du rebord du vase, en collerette.

Ci-contre : Détail de la pyramide finale.

BOUGEOIR DE TULIPES PANACHÉES

• • •

On a coutume de penser qu'une fleur pleinement épanouie est sur le point de se faner. Toutefois, on peut prolonger la longévité de ces tulipes en raccourcissant leurs tiges, et leurs pétales jaunes et rouges paraissent des flammes léchant la base de la bougie.

FOURNITURES

. . .

couronne de mousse synthétique de 15 cm (6 po) de diamètre

. . .

coupelle

. . .

bougie de 7,5 x 22,5 cm (3 x 9 po)

. . .

7 ou 8 tulipes perroquets

. . .

ciseaux

Les tulipes, mais aussi d'autres fleurs, comme les roses ou les renoncules, peuvent durer plus longtemps grâce à ce procédé. Surveillez la combustion de la bougie et ne la laissez pas brûler à moins de 5 cm (2 po) de la décoration.

1 Placez la couronne de mousse dans la coupelle et imbibez-la d'eau. Disposez la bougie au centre en vérifiant bien sa stabilité.

2 Coupez les tiges des tulipes à environ 3 cm (1 ¼ po) et piquez-les régulièrement dans la mousse synthétique, sans laisser d'espaces vides.

BOUGIE ORNÉE DE MÛRES

• • •

Une simple bougie vendue dans un récipient en terre peut se métamorphoser en une superbe décoration de table, dès lors qu'elle est entourée d'une couronne de fruits et de feuillages, provenant du jardin ou de la haie voisine. Il suffit pour cela de placer le pot dans une petite corbeille en fil de fer, dans laquelle les tiges s'entrelacent. C'est un ornement très facile à réaliser.

1 Placez la bougie dans le panier en fil de fer. Entrelacez les tiges de vigne vierge le long du rebord. Formez ensuite une épaisse couronne de vigne vierge tout autour du panier.

2 Retirez les épines des ronces et coupez les tiges à environ 6 cm (2 po) de long pour les enfiler au milieu de la vigne vierge, dans les mailles du panier.

3 Procédez de même pour insérer l'églantier par petites grappes tout autour du panier. Si le bougeoir doit être déplacé, il est préférable d'attacher les tiges au panier avec du fil de cuivre.

FOURNITURES

. . .

bougie dans un pot en terre

. . .

petit panier carré en fil de fer, pouvant recevoir le pot

. . .

feuilles de vigne vierge en branches

. . .

mûres en branches

. . .

ciseaux

. . .

branches d'églantier avec des fruits

. . .

fil de cuivre de 0,32 mm

Les végétaux employés ici sont suffisamment robustes pour subsister un jour ou deux sans eau, mais il est préférable de les vaporiser. Surveillez la combustion de la bougie et ne la laissez pas brûler à moins de 5 cm (2 po) de la décoration.

DEUXIÈME PARTIE

COMPOSITIONS DE FLEURS SÉCHÉES

Créer une composition de fleurs séchées, c'est capturer l'essence de la nature. Tous les arrangements floraux proposés dans les pages qui suivent, depuis le petit bouquet de roses ou de lavande jusqu'aux couronnes et guirlandes spectaculaires, embelliront et embaumeront votre maison pendant plusieurs mois. Réunissant fleurs séchées, feuillages et herbes aromatiques, agrémentées de coquillages ou d'étoiles de mer, ces créations témoignent d'un esprit neuf, d'inspiration contemporaine, à la portée de débutants comme de spécialistes avertis.

INTRODUCTION

À droite : Petits bouquets séchés (page 166).

Autrefois, les fleurs séchées comblaient, en hiver, le manque de fleurs fraîches. Mais, grâce aux progrès effectués dans les techniques de traitement des végétaux, les variétés de fleurs séchées aujourd'hui disponibles se sont multipliées, et leurs couleurs restent très vives. Il existe à présent une gamme étonnamment vaste de textures et de coloris, qui offre d'immenses possibilités.

On privilégie aujourd'hui la mise en valeur des couleurs et des matières, en regroupant les éléments de manière à ce que l'ensemble soit plus décoratif. Même lorsqu'une composition réunit différentes variétés, il est préférable de les répartir en masses homogènes, car un élément isolé perd souvent de sa force.

Pour mieux faire ressortir les qualités des végétaux séchés, n'hésitez pas à incorporer dans vos compositions d'autres matériaux tels que fruits secs, calebasses, coquillages, racines ou morceaux de bois, qui lui apporteront un relief supplémentaire. Des herbes aromatiques, des épices, certaines variétés de mousses séchées constituent aussi des accessoires très riches, ainsi que les pots de fleurs en terre qui peuvent servir de récipients. Autant d'éléments qui font que les bouquets de fleurs séchées d'aujourd'hui n'ont plus rien de commun avec les tristes nids à poussière d'autrefois.

Ci-dessus : Composition dans un pot décoré (page 110).

Ci-contre : Croisssant de lune (page 176).

Ci-dessus : Arbre aux pommes et brins de lavande (page 112).

À gauche : Décor de table aux pivoines (page 118).

Si les techniques de conservation des végétaux séchés se sont remarquablement améliorées, le temps, la lumière, l'humidité et la poussière n'en continuent pas moins leurs ravages. Une composition de fleurs séchées n'est malheureusement pas éternelle. Au bout de six mois, les éléments commencent à paraître défraîchis.

Quelques précautions suffisent toutefois à augmenter la longévité des fleurs séchées. Pour empêcher qu'elles se décolorent, évitez de placer le bouquet sous l'action directe du soleil. Ne les exposez pas non plus à l'humidité, et épargnez-leur la condensation d'une salle de bains ou le rebord d'une fenêtre. Pour les dépoussiérer, ventilez-les au séchoir à cheveux, en position tiède et lente. Au début, vaporisez un peu de laque pour empêcher la chute des graines et des pétales, mais gardez-vous de le faire quand la composition commence à se couvrir de poussière.

Ci-dessous : Couronne de roses aux étoiles de mer (page 120).

Vous profiterez de l'un des aspects les plus gratifiants de l'art de composer des bouquets de fleurs séchées en procédant vous-même au séchage ou à la conservation des éléments végétaux. C'est une opération qui demande de la patience et un peu d'organisation, mais qui permet aussi d'utiliser des matériaux qui ne sont pas toujours disponibles dans le commerce, et de faire des économies : les fleurs séchées ne sont pas bon marché.

Il existe plusieurs méthodes pour conserver les végétaux, selon leurs propriétés. Vous trouverez, dans les pages qui suivent, toutes les indications nécessaires, ainsi qu'un tableau des matériaux et des procédés de conservation qui leur conviennent. Cette liste n'est pas exhaustive. Si vous souhaitez utiliser un élément qui ne s'y trouve pas, appliquez la méthode qui correspond à un matériau aux caractéristiques similaires.

Techniques de séchage

• • •

Séchage à l'Air Libre

La méthode la plus simple est sans aucun doute celle qui consiste à sécher naturellement les fleurs et les éléments végétaux, sans l'aide d'aucun produit chimique dessiccatif. Plusieurs techniques sont employées.

Pour le séchage à l'air libre, l'idéal est un lieu propre, à l'abri de la poussière et de la lumière, bien ventilé, à température moyenne et surtout dépourvu de toute humidité. Le grenier, la remise où se trouve la chaudière, un grand placard aéré remplissent parfaitement ces conditions.

Cueillette

Lorsque vous cueillez des fleurs ou des végétaux, assurez-vous qu'ils sont le plus secs possible. Choisissez un jour de beau temps, et un moment de la journée où la rosée du matin a disparu et où l'humidité du soir n'est pas encore descendue.

Le moment choisi pour cueillir les végétaux est important : ils doivent en effet avoir atteint leur plein épanouissement pour que leurs couleurs restent vives. Avec un peu d'expérience, vous saurez déterminer ce moment pour chaque type de plante. En général, il correspond à la période où la plante est devenue adulte sans être trop épanouie, quand les fleurs sont encore parfaitement fraîches et fermes. Les gousses, les capsules de graines et les herbes aromatiques doivent être cueillies lorsqu'elles viennent à peine à maturité : au-delà, les graines tombent.

Pour les plantes achetées dans le commerce, les règles sont les mêmes. N'oubliez pas que le séchage doit intervenir le plus tôt possible après la cueillette et donc l'achat.

Connaître la méthode de séchage pour chaque plante s'acquiert avec l'expérience.

Séchage par Suspension en Hauteur

Le plus souvent, le feuillage ne sèche pas aussi bien que les fleurs. Aussi, retirez les feuilles sur toute la moitié inférieure de la tige, quand la plante est encore fraîche, avant le séchage.

Séchez les plantes par bouquets de dix tiges au maximum, de la même variété. Les tiges doivent toutes être de la même longueur et les inflorescences se trouver au même niveau. Ne serrez pas trop les têtes des fleurs les unes contre les autres, cela empêcherait la circulation de l'air entre elles et risquerait de les déformer.

Liez toutes les tiges avec de la ficelle, du raphia ou du ruban adhésif floral, ce dernier étant le plus pratique car il continuera d'adhérer aux tiges même lorsqu'elles se contracteront en séchant.

Suspendez les bouquets à la verticale, têtes en bas, suffisamment en hauteur et dans un endroit où ils ne risquent pas d'être endommagés.

Le temps de séchage varie en fonction des propriétés de la plante, des conditions atmosphériques, de la taille des bouquets et de la température. Afin de vous assurer que tous les éléments sont parfaitement secs avant de les utiliser, vérifiez que la partie la plus épaisse de la fleur est bien sèche et que la tige, lorsqu'on la plie, se casse en faisant un petit bruit sec. La moindre humidité qui subsisterait dans la plante la ferait pourrir, et dépérir.

Le poids des inflorescences maintient les tiges bien droites.

Il convient toutefois de noter que certaines plantes, que l'on peut sécher suivant cette méthode, ne doivent pas être accrochées la tête en bas. C'est notamment le cas des graines de physalis, dont les petites lanternes chinoises orange perdraient leur jolie forme. Il faut les accrocher séparément, sur une ficelle tendue à l'horizontale, et tournées vers le haut.

Séchage sur une Claie

Certaines plantes, telles que le *Daucus cariba*, peuvent se sécher à l'air libre, mais leur fleur, mise la tête en bas, va se redresser.

C'est pourquoi il convient de fabriquer une claie à l'aide de grillage fin, de la placer dans un endroit approprié et d'enfiler les tiges entre les mailles du grillage de sorte que les fleurs, qui les retiennent, restent orientées vers le haut.

L'hortensia et la gypsophile sont des fleurs qui peuvent très bien sécher à l'air libre, les tiges trempant dans l'eau.

Séchage à l'Air Libre, les Tiges Trempant dans l'Eau

C'est la méthode de conservation adaptée aux fleurs risquant de se flétrir avant la fin du processus de séchage. Appelée parfois la technique par « évaporation », elle est particulièrement adaptée à l'hortensia, à l'allium et à la bruyère.

Coupez l'extrémité des tiges à 45°, plongez-les dans environ 7,5 cm (3 po) d'eau, et placez le récipient dans un endroit approprié . le processus de dessiccation s'en trouvera ralenti et la plante pourra sécher entièrement, dans des conditions naturelles, sans dommage pour l'aspect des fleurs.

Séchage à l'Air Libre « au Naturel »

Certains végétaux doivent, pour conserver leur forme naturelle, sécher à la verticale.

Placez dans ce cas la plante dans un récipient que vous utiliseriez pour un bouquet : elle séchera dans des conditions naturelles. C'est ainsi que sèchent les herbes aromatiques et le mimosa.

Ce procédé donne parfois des résultats extraordinaires. Ainsi, les tiges habituellement droites du *bear grass* vont, en séchant dans un récipient assez bas, s'enrouler spontanément en de gracieuses boucles. Pour sécher les herbes, on peut aussi les poser à plat sur une feuille de papier : elles conserveront leur forme.

Produits Dessiccatifs

Une méthode de conservation très efficace consiste à utiliser un dessiccatif tel que le sable, le borax ou, mieux encore, le gel de silice. Le produit absorbe toute l'humidité de la plante. Ce processus peut être assez long mais il présente le grand avantage de conserver quasiment intacte la plante avec ses couleurs et sa forme d'origine.

Il est indispensable de procéder ainsi pour toutes les fleurs charnues, qui ne peuvent sécher convenablement à l'air libre. C'est le cas des lis, des tulipes, des freesias, des pensées et des roses de jardin à fleurs simples qui réagissent bien aux dessiccatifs et offrent au créateur de bouquets une richesse de matériaux que l'on ne rencontre pas dans le commerce.

L'emploi de ces produits ne s'impose pas pour des fleurs qui supportent bien le séchage à l'air libre, car il ne convient qu'à un nombre réduit de végétaux et, de plus, le gel de silice est assez cher.

Pour être conservées à l'aide de dessiccatifs, les fleurs doivent être parfaitement saines et avoir été cueillies de préférence après quelques heures passées au soleil, avec le moins d'humidité possible en surface.

L'important est de choisir une méthode de séchage qui conserve à la plante sa teinte et sa forme d'origine.

Fleurs et matériaux de toute saison peuvent se faire sécher.

Montage des Fleurs avant Dessiccation

Le séchage par dessiccation ne s'emploie habituellement que pour les fleurs, car il affaiblit les tiges au point de les rendre quasiment inutilisables. Les fleurs elles-mêmes deviennent d'ailleurs très fragiles et, si elles doivent être montées sur fil de fer, il convient de le faire quand elles sont encore fraîches, avant le séchage.

Pour les fleurs à tige creuse telles que les zinnias, on introduit le fil de fer dans la tige, par le bas, jusqu'au cœur de la fleur, en prenant soin de ne pas l'enfiler trop avant car la fleur, en séchant, va perdre du volume et risque de laisser alors apparaître un bout de fil de fer. Les fleurs aux pétales lourds, comme les dahlias, doivent sécher tournées vers le haut. Montez-les sur des tiges métalliques courtes, que vous pourrez prolonger par la suite, quand la fleur sera sèche. Les fleurs qui présentent des tiges ligneuses, dures ou très minces, peuvent être montées sur tige métallique en piquant le fil de fer en travers du calice, à la base de la fleur, et en rabattant les deux extrémités à la verticale pour en faire un support.

La fleur et la tige vont se rapetisser en séchant, si bien que le support, simple ou double, risque de devenir trop lâche et de glisser s'il n'est pas fermement ancré dans la tige au montage, quand la fleur est encore fraîche. Il faut donc calculer la grosseur du fil en fonction du poids de la fleur fraîche.

Séchage au Gel de Silice

Le gel de silice s'est révélé être un matériau bien supérieur au borax ou au sable pour sécher les fleurs par dessiccation. Le sable et le borax sont lourds et il faut prendre de grandes précautions pour ne pas endommager les fleurs séchées dans ces matériaux. En revanche, le gel de silice est léger et peut s'écraser très finement, ce qui lui permet d'épouser les sinuosités de pétales sans causer de dégâts.

Les fleurs sèchent très rapidement dans le gel de silice (entre cinq et dix jours pour la plupart des plantes) alors qu'avec le borax ou le sable, le séchage peut demander jusqu'à cinq semaines ! Le gel de silice impose l'emploi d'un récipient hermétique. En revanche, avec le sable ou le borax, n'importe quel contenant muni d'un couvercle peut convenir. Mais, qu'il s'agisse de sable, de borax ou de gel, la méthode reste la même.

Certains cristaux de silice sont bleus et virent au rose à mesure qu'ils se chargent en humidité ce qui permet d'évaluer la dessiccation.

1 Quand votre gel de silice est prêt, mettez-en une couche d'environ 5 cm (2 po) d'épaisseur dans le fond d'un récipient. Posez les fleurs sur les cristaux, la tête en bas, ou tournées vers le haut si l'agencement des pétales est compliqué. Si les tiges sont montées sur fil de fer, pliez-les légèrement pour les faire entrer dans le récipient.

2 Quand toutes les fleurs sont en place, versez à la cuillère une seconde couche de cristaux de silice, d'environ 5 cm (2 po) d'épaisseur, de manière à les recouvrir entièrement. Assurez-vous que les cristaux pénètrent bien dans tous les interstices de la fleur. Si l'agencement des pétales est compliqué, soulevez-les délicatement avec un cure-dent pour introduire doucement les cristaux dans tous les creux. Posez le couvercle sur le récipient et fixez-le avec du ruban adhésif pour en assurer l'étanchéité.

Le temps de séchage variant selon la variété florale, vérifiez régulièrement l'évolution du processus. Les fleurs qui resteraient trop longtemps dans le gel finiraient par se dissoudre.

Certaines fleurs qui présentent une corolle profonde comme les tulipes doivent, pour bien conserver leur forme, être séchées séparément dans un bol en plastique rempli de cristaux de silice et fermé avec du film plastique transparent qui permettra de surveiller l'évolution du processus.

Lorsque vous sortez les fleurs séchées du gel, retirez très délicatement, avec un pinceau fin et doux, le surplus de poudre.

Bien entendu, le gel de silice peut se réutiliser : il suffit de l'étaler sur une plaque métallique et de le faire sécher au four. Vous saurez qu'il est de nouveau bien sec quand il aura retrouvé sa couleur bleue.

Séchage au Four à Micro-ondes

Le séchage au gel de silice peut être plus rapide dans un four à micro-ondes. Mais attention, on ne doit pas introduire de tiges métalliques dans le four : il faudra donc monter les fleurs sur fil de fer après leur séchage, ce qui peut présenter quelques difficultés étant donné leur plus grande fragilité.

Enfouissez les éléments à sécher dans le gel de silice, versé dans un récipient, mais ne mettez pas le couvercle. Introduisez le récipient non couvert dans le four, une tasse à moitié remplie d'eau près de lui.

Puis allumez le minuteur du four en fonction du type de fleurs à sécher. Les corolles frêles sècheront en moins de deux minutes, mais des fleurs plus charnues exigeront davantage de temps. Laissez ensuite refroidir le gel de silice avant de retirer les fleurs.

Rangement des Matériaux Séchés par Dessiccation

Pour conserver en bon état des éléments séchés par dessiccation, rangez-les dans une boîte hermétique, en les superposant et en intercalant du papier de soie.

Placez dans la boîte un petit sac de gel de silice qui absorbera toute humidité, en prenant soin de ne pas mettre les fleurs au contact de la silice.

En forêt, nombreux sont les matériaux naturellement séchés.

Traitement à la Glycérine

Le feuillage sèche mal à l'air libre, il se fane, se racornit et perd ses teintes brillantes. Heureusement, la glycérine convient à presque toutes les variétés de feuillages.

Cette méthode consiste à remplacer l'humidité qui s'évapore de la tige et des feuilles par une solution de glycérine et d'eau.

Ce procédé, qui repose sur la faculté qu'a la plante d'absorber un liquide, ne convient pas au feuillage d'automne, déjà mort. Il est essentiel que les matériaux qui doivent être traités à la glycérine soient cueillis au milieu de leur plein développement, quand les feuilles sont encore jeunes et gorgées de sève. Mais attention : le feuillage trop jeune et d'un vert pâle ne réagit pas à la glycérine.

Il convient de couper l'extrémité des tiges à 45° et de retirer les feuilles basses. Soulevez l'écorce sur environ 6 cm (2 ½ po) et arrachez-la sur une hauteur de 10 cm (4 po) pour offrir une plus grande surface d'absorption à la plante.

Mélangez un volume de glycérine avec deux volumes d'eau et versez cette solution dans un grand récipient à un niveau de 20 cm (8 po) de haut. Les dimensions du récipient dépendront de la quantité de feuillage à traiter. Pour permettre une bonne absorption, laissez tremper les tiges dans le mélange pendant deux à six semaines, selon la dimension et la texture des feuilles. Vérifiez régulièrement la hauteur du niveau dans le récipient et ajoutez un peu de mélange si nécessaire.

Si vous avez des feuilles séparées à traiter, vous pouvez les immerger complètement dans une solution de glycérine plus épaisse, avec un volume d'eau pour un volume de glycérine. Le traitement d'une feuille demandera de deux à trois semaines, après lesquelles vous la sortirez de la solution pour l'essuyer soigneusement.

Le traitement à la glycérine s'applique parfaitement aux feuillages bien développés et vigoureux tels que les feuilles de hêtre, de charme, de magnolia et de chalef *(Elaeagnus)*. Curieusement, il convient tout aussi bien à des végétaux moins robustes tels que les clochettes d'Irlande et aux branches de lierre.

À mesure que le processus se développe, la feuille change de couleur pour acquérir une teinte marron. Quand toutes les feuilles ont bruni, le traitement est achevé. L'aspect peut changer, parfois pour une même variété. Les baies peuvent aussi se traiter à la glycérine, mais elles rétrécissent légèrement et changent de couleur.

Le traitement à la glycérine présente l'avantage de conserver à la feuille toute sa souplesse et de la rendre lavable au chiffon humide.

Techniques de conservation des plantes

Le tableau suivant offre une liste de plantes et indique, pour chacune d'elles, la partie utilisée et la méthode de séchage appropriée. Pour une plante qui n'y figure pas, utilisez la méthode préconisée pour une autre qui présente les mêmes caractéristiques.

Nom commun	Nom latin	Partie	Technique
acanthe	*Acanthus*	épi floral	séchage à l'air
achillée	*Achillea millefolium*	fleur	séchage à l'air
ail	*Allium*	fleur	tige dans l'eau / séchage à l'air
alchemille	*Alchemilla mollis*	fleur	séchage à l'air / four à micro-ondes
amarante queue-de-renard	*Amaranthus caudatus*	épi floral	séchage à l'air
amour en cage	*Physalis*	tige et graine	séchage à l'air
anaphalis	*Anaphalis*	fleur	séchage à l'air / tige dans l'eau
anémone	*Anemone*	fleur	séchage à l'air / dessiccatif
aralia	*Fatsia japonica*	feuille	glycérine
arbre à perruque	*Cotinus*	fleur	séchage à l'air
		feuille	glycérine
asparagus	*Asparagus plumosus*	feuille	four à micro-ondes
aspidistra	*Aspidistra*	feuille	glycérine
astilbe	*Astilbe*	fleur	séchage à l'air
avoine	*Avena sativa*	tige et graine	séchage à l'air
berce	*Heracleum mantegazzianum*	tige et graine	séchage à l'air
blé	*Triticale*	tige et graine	séchage à l'air
bleuet	*Centaurea cyanus*	fleur	séchage à l'air / four à micro-ondes
brize ou amourette	*Briza*	tige et graine	séchage à l'air, suspendu ou vers le haut
bruyère	*Erica*	épi floral	séchage à l'air tige dans l'eau / glycérine
bruyère cendrée	*Erica cinerea*	fleur	séchage à l'air
camélia	*Camellia*	fleur	dessiccatif
camomille	*Chamaemelum nobile Athemis*	fleur	séchage à l'air / tige dans l'eau
campanule	*Campanula*	fleur	séchage à l'air
cardère	*Dipsacus fullonum*	graine	séchage à l'air
carvi, cumin des prés	*Carum carvi*	graine	séchage à l'air

Nom commun	Nom latin	Partie	Technique
célosie	*Celosia*	fleur	séchage à l'air / tige dans l'eau
centaurée	*Centaurea*	graine	séchage à l'air
cerfeuil sauvage	*Anthriscus sylvestris*	graine	séchage à l'air
chalef	*Elaeagnus*	feuille	glycérine / four à micro-ondes
chardon	*Echinops*	tête de la fleur	séchage à l'air
chardon carline	*Carlina*	graine	séchage à l'air
choisya	*Choisya*	feuille	glycérine
chrysanthème	*Chrysanthemum*	fleur	dessiccatif
Chrysanthemum frutescen		dessiccatif	
ciboulette	*Allium schoenoprasum*		séchage à l'air / tige dans l'eau
clarkie	*Clarkia* (syn. *Godetia)*	fleur	séchage à l'air
clématite	*Clematis*	feuille	séchage à l'air
clochette d'Irlande	*Molucella laevis*	bractées	séchage à l'air / glycérine
corête du Japon	*Kerria*	fleur	séchage à l'air
coucou	*Primula vulgaris*	fleur	dessiccatif
dactyle	*Dactylis glomerata*	tige et graine	séchage à l'air
dahlia	*Dahlia*	épi floral	dessiccatif
dauphinelle	*Delphinium*	épi floral	séchage à l'air / dessiccatif
digitale	*Digitalis*	fleur	dessiccatif
dryandra	*Dryandra*	fleur	séchage à l'air
érable	*Acer*	feuille	glycérine
eucalyptus	*Eucalyptus*	feuille	séchage à l'air / glycérine
fenouil	*Foeniculum vulgare*	feuille	séchage à l'air / four à micro-ondes
		graine	séchage à l'air
fétuque	*Festuca*	tige et graine	séchage à l'air
figuier	*Ficus*	feuille	glycérine
forsythia	*Forsythia*	grappes fleuries	dessiccatif
fougères		feuille	glycérine
freesia	*Freesia*	fleur	dessiccatif
froment	*Triticum aestinuum*	tige et graine	séchage à l'air
fusain	*Euonymus alatus*	fleur	séchage à l'air
gaillarde	*Gaillardia*	graine	séchage à l'air
genêt	*Cytisus*	branche fleurie	séchage à l'air / dessiccatif
géranium	*Geranium*	feuille et fleur	dessiccatif
giroflée	*Cheiranthus*	fleur	dessiccatif
gomphrène	*Gomphrena globosa*	fleur et graine	séchage à l'air
lagurus	*Lagurus ovatus*	tige et graine	séchage à l'air
gypsophile	*Gypsophila*	fleur	séchage à l'air / tige dans l'eau / four à micro-ondes
herbe des pampas	*Cortaderia selloana*	tige et graine	séchage à l'air
hêtre	*Fagus sylvatica*	feuille	séchage à l'air / glycérine
hêtre pourpre	*Fagus*	feuille	glycérine

Nom commun	Nom latin	Partie	Technique
hortensia	*Hydrangea*	fleur et bractées	séchage à l'air / tige dans l'eau / four à micro-ondes
hosta	*Hosta*	feuille	glycérine
houblon	*Humulus*	feuille et bractées	séchage à l'air / glycérine
houx	*Ilex*	feuille	glycérine
hysope	*Hyssopus*	fleur	séchage à l'air
ibéris	*Iberis*	fleur graine	dessiccatif séchage à l'air
immortelle	*Helichrysum*	fleur	séchage à l'air
immortelle à bractées	*Helichrysum bracteatum*	fleur	séchage à l'air
immortelle annuelle	*Xeranthemum*	fleur	séchage à l'air
jacinthe	*Hyacinthus*	fleur	dessiccatif
jonquille	*Narcissus*	fleur	dessiccatif
laîche	*Carex*	graine	séchage à l'air
laurier	*Laurus*	feuille	glycérine
laurier-sauce	*Laurus*	feuille	dessiccatif / glycérine
lavande	*Lavandula*	épi floral	séchage à l'air / tige dans l'eau
lavande de mer	*Limonium*	fleur	séchage à l'air/ tige dans l'eau
liatris	*Liatris*	épi floral	séchage à l'air
lierre	*Hedera*	feuille	glycérine
lilas	*Syringa*	bouquets de petites fleurs	dessiccatif
lin	*Linum usitatissium*	tige et graine	séchage à l'air
lis	*Lilium*	fleur	dessiccatif
lunaire, monnaie-du-pape	*Lunaria*	graine	séchage à l'air
lupin	*Lupinus*	fleur graine	dessiccatif séchage à l'air
magnolia	*Magnolia*	fleur	dessiccatif
maïs	*Zea mays*	graine	séchage à l'air
marguerite	*Chrysanthemum parthenium*	fleur	séchage à l'air / tige dans l'eau / four à micro ondes
marjolaine	*Origanum*	fleur	séchage à l'air / four à micro-ondes
massette	*Typha latifolia*	graine	séchage à l'air
millet	*Panicum miliaceum*	graine	séchage à l'air
mimosa	*Acacia*	branches fleuries	séchage à l'air / dessiccatif / tige dans l'eau
molène	*Verbascum*	graine	séchage à l'air
muguet	*Convallaria*	fleur	dessiccatif
muscari	*Muscari*	fleur	dessiccatif
narcisse	*Narcissus*	fleur	glycérine
nicandra	*Nicandra physualodes*	graine	séchage à l'air
nigelle de Damas	*Nigella damascena*	fleur et graine	séchage à l'air
œillet	*Dianthus*	fleur	dessiccatif
œillet d'Inde	*Tagetes*	fleur	séchage à l'air
œillet de poète	*Dianthus barbatus*	fleur	séchage à l'air rapide
œillet mignardise	*Dianthus*	fleur	dessiccatif
orchidée	*Orchidacea*	fleur	dessiccatif
orpin	*Sedum*	fleur	séchage à l'air / dessiccatif / four à micro-ondes
oseille	*Oxydendrum arboreum*	graine	séchage à l'air

Nom commun	Nom latin	Partie	Technique
panicaut maritime	*Eryngium maritimum*	fleur	séchage à l'air
pâquerette	*Bellis*	fleur	dessiccatif
patience	*Rumex*	graine	séchage à l'air
pavot	*Papaver*	graine	séchage à l'air
pensée	*Viola wittrockiana*	fleur	dessiccatif
phalaris	*Phalaris*	tige et graine	séchage à l'air
phlomis	*Phlomis fruticola*	fleur, feuille et graine	séchage à l'air
pied-d'alouette	*Consolida*	épi floral	séchage à l'air / dessiccatif
pin	*Pinus*	pomme	séchage à l'air
pivoine	*Paeonia*	fleur	séchage à l'air / dessiccatif
pois de senteur	*Lathyrus odoratus*	fleur	dessiccatif
primevère	*Primula*	fleur	dessiccatif
renoncule	*Ranunculus*	fleur	dessiccatif
rhododendron	*Rhododendron*	feuille	glycérine / four à micro-ondes
romarin	*Rosmarinus officinalis*	bouquet de petites feuilles	glycérine / séchage à l'air / four à micro-ondes
roncier	*Robus (Rosaceae)*	feuille, baie (mûre)	glycérine
rose	*Rosa*	bouton, fleur, feuille, fruit	séchage à l'air / dessiccatif / glycérine
rose trémière	*Alcea*	fleur	dessiccatif
rue	*Ruta graveolens*	graines	séchage à l'air
safran bâtard	*Carthamus tinctorius*	fleur	séchage à l'air
santoline	*Santolina chamaecyparissus*	feuille	four à micro-ondes
sauge	*Salvia officinalis*	fleur et feuille	séchage à l'air
saxifrage	*Saxifraga x urbium*	fleur	dessiccatif
séneçon	*Senecio*	feuille	séchage à l'air / four à micro-ondes
silène	*Silene*	fleur	séchage à l'air
solidage	*Solidago*	fleur	séchage à l'air / four à micro-ondes
souci	*Calendula officinalis*	fleur	séchage à l'air / dessiccatif
statice	*Psylliostachys*	fleur	séchage à l'air
tanaisie	*Tanacetum vulgare*	fleur	séchage à l'air / four à micro-ondes
tournesol	*Helianthus*	fleur	séchage à l'air
tulipe	*Tulipa*	fleur	dessiccatif
vigne	*Vitus*	feuille	dessiccatif
violier	*Matthiola*	fleur	dessiccatif
zinnia	*Zinnia*	fleur	dessiccatif

COURONNES DE STYLE CONTEMPORAIN

• • •

Ces deux décorations murales prouvent à quel point les fleurs séchées peuvent former des compositions très vives et modernes.

L'une de ces compositions réunit des roses jaunes et rouges, l'autre des roses blanches et des chardons. On peut aussi utiliser d'autres variétés, à condition que toutes les fleurs soient approximativement de la même taille. Songez notamment à la possibilité de juxtaposer de vertes nigelles d'Espagne avec des roses blanches, ou bien des graines de pavot décolorées avec des immortelles d'un jaune très vif...

FOURNITURES

. . .

COMPOSITION JAUNE ET ROUGE

34 roses rouges

. . .

33 roses jaunes

. . .

colle liquide

. . .

couronne de mousse synthétique pour fleurs séchées de 10 cm (4 po) de diamètre

. . .

ruban

. . .

COMPOSITION BLEUE ET BLANCHE

25 roses blanches

. . .

26 petits chardons

. . .

colle liquide

. . .

couronne de mousse synthétique pour fleurs séchées de 10 cm (4 po) de diamètre

. . .

ruban

Ces couronnes sont faciles à réaliser, mais elles nécessitent une importante quantité de fleurs et un peu de patience pour composer leur motif en damier.

1 Pour la couronne jaune et rouge, coupez les tiges des roses à 2,5 cm (1 po) de long. Disposez sur le bord externe de la couronne une première rangée, en alternant les deux couleurs. Les tiges, préalablement enduites de colle, sont piquées dans la mousse. Laissez un espace pour le ruban et formez un deuxième cercle de roses à l'intérieur du premier, en alternant toujours les couleurs.

2 Multipliez les cercles jusqu'à recouvrir entièrement la couronne. Faites passer le ruban à l'intérieur de celle-ci, sur l'espace laissé vide, et servez-vous-en pour accrocher la couronne ou l'orner d'un nœud. Procédez de même pour la seconde décoration.

BOUQUETS DANS DES POTS DE FLEURS

• • •

Ce superbe assortiment démontre la variété de fleurs et de couleurs aujourd'hui disponibles. Ces fleurs séchées, aux teintes vives, massées à la manière contemporaine, sont présentées dans des pots de fleurs traditionnels, en terre, dont on a agrémenté le charme rustique en les peignant.

Ces pots seront du plus bel effet si vous les regroupez, mais vous pouvez aussi les répartir séparément dans toute la maison.

FOURNITURES

. . .

morceau de mousse synthétique pour fleurs séchées

. . .

couteau

. . .

5 pots de fleurs en terre traditionnels

. . .

16 roses roses séchées

. . .

7 tournesols séchés

. . .

botte de brins de lavande séchée

. . .

25 petits bâtons de cannelle

. . .

10 Craspedia globosa

. . .

9 petits chardons

. . .

ciseaux

1 Découpez la mousse synthétique en fonction de la taille des pots, de sorte que les morceaux s'enfoncent à environ 2 cm (3/4 po) en dessous du rebord. Coupez les tiges de sorte que, une fois piquées dans la mousse, seules les fleurs dépassent du bord. Garnissez un pot de roses, un autre avec les tournesols bien serrés. Assurez-vous que seules les têtes dépassent du pot et qu'elles forment un sommet arrondi.

Aussi novice soit-il, tout créateur de bouquets réalisera ces arrangements pleins de charme sans aucune difficulté.

2 Remplissez un troisième pot avec les brins de lavande, coupés de façon à ce que la base des épis coïncide avec le bord du pot. Créez un arrangement dissymétrique en plantant dans un autre pot les bâtons de cannelle coupés à environ 10 cm (4 po) de long, en variant leur enfoncement dans la mousse. Coupez les tiges de *Craspedia* et de chardons de sorte que les têtes dépassent juste du bord d'un cinquième pot et forment un arrangement régulier, au sommet arrondi, bleu sur fond jaune.

COMPOSITION DANS UN POT DÉCORÉ

• • •

Voici un bouquet amusant. Le récipient est un pot en terre décoré d'une tête peinte sur fond bleu clair. Vous pouvez peindre vous-même un pot en terre ordinaire que vous compléterez d'un bouquet approprié.

En règle générale, un récipient plutôt élaboré doit recevoir un arrangement floral sobre, mais celui-ci est volontairement exubérant : il évoque une volumineuse chevelure surmontant la tête peinte.

FOURNITURES

. . .

morceau de mousse synthétique pour fleurs séchées

. . .

couteau

. . .

pot de fleurs en terre

. . .

Floratape

. . .

fil de fer de 0,71 mm

. . .

lichen

. . .

ciseaux

. . .

20 petits chardons

. . .

20 joncs tortillés en spirale, décolorés

. . .

30 roses blanches séchées

Cet arrangement consiste simplement en des fleurs bien serrées, complétées de joncs en spirale qui lui ajoutent une note humoristique. Il est facile à réaliser et amusera les enfants.

1 Découpez le morceau de mousse synthétique en fonction des dimensions du pot, de sorte qu'il dépasse d'environ 4 cm (1 ¾ po) du bord. Fixez-le avec du Floratape. Pliez les fils de fer en épingles à cheveux. Introduisez le lichen entre le bord intérieur du pot et le morceau de mousse, et maintenez-le avec les fils de fer pliés.

2 Coupez les tiges des chardons à environ 10 cm (4 po) de long et plantez-les dans la mousse synthétique de sorte que les têtes forment un sommet arrondi.

3 Coupez les joncs en spirale à environ 15 cm (6 po) de long et piquez-les dans la mousse synthétique, régulièrement répartis entre les chardons.

4 Coupez les tiges des roses à environ 10 cm (4 po) de long et répartissez-les régulièrement dans le bouquet.

ARBRE AUX POMMES ET BRINS DE LAVANDE

• • •

FOURNITURES

• • •

pot en terre cuite de 15 cm (6 po) de diamètre

• • •

Cellophane (ou feuille de plastique)

• • •

sable

• • •

couteau

• • •

morceau de mousse synthétique pour fleurs séchées

• • •

colle liquide

• • •

morceau de racine traitée (séchée) avec deux ramifications

• • •

2 boules de mousse synthétique de 12 cm (4 ³/₄ po) de diamètre

• • •

60 tranches de pommes traitées (séchées)

• • •

fil de fer de 0,71 mm

• • •

150 tiges de phalaris naturel

• • •

30 roses thé séchées

• • •

50 nigelles d'Espagne

• • •

20 tiges de ti tree naturel

• • •

150 brins de lavande séchés

• • •

12 branchettes d'eucalyptus traitées (séchées)

Les arbres ornementaux peuvent se composer de matériaux très divers, frais ou séchés, capables de s'accorder aux coloris et au style de décor d'une pièce.

Celui-ci a des couleurs douces : le vert pâle des phalaris et des nigelles d'Espagne ; le bleu délavé de la lavande ; le blanc du ti tree ; le gris clair de l'eucalyptus et les tons crème des roses et des tranches de pommes séchées.

Les arbres ornementaux risquent souvent d'être trop lourds au sommet, surtout s'ils possèdent plusieurs branches. Assurez-vous donc que le récipient est suffisamment lourd pour faire contrepoids, et lestez-le, éventuellement, de sable mouillé ou, plus efficacement, de plâtre de Paris.

1 Tapissez le pot d'une feuille de Cellophane et remplissez-le aux trois quarts de sable mouillé. Découpez la mousse synthétique aux dimensions du pot, introduisez-la au-dessus du sable et alignez-la sur le bord du pot.

2 Enduisez d'un peu de colle l'extrémité de la racine, que vous plantez dans la mousse synthétique, les ramifications vers le haut. Déposez quelques gouttes de colle à l'extrémité de celles-ci et piquez les deux boules.

3 Réunissez les tranches de pommes par groupes de trois, montez-les sur double support avec du fil de fer, puis rabattez de chaque côté avant de tortiller les deux extrémités ensemble. Coupez les tiges de phalaris à 3 cm (1 ¹/₄ po) de longueur, et montez-les par groupes de cinq sur support double.

4 Coupez les tiges métalliques des phalaris à environ 4 cm (1 ¹/₂ po) de long et répartissez-les sur les deux boules synthétiques. Coupez les tiges des roses à environ 5 cm (2 po) de long et répartissez-les régulièrement entre les phalaris.

5 Coupez les tiges métalliques des pommes à 4 cm (1 ½ po) de long et répartissez-les sur les deux boules. Coupez quarante tiges de nigelle et toutes les branches de ti tree à environ 5 cm (2 po) de long et plantez-les régulièrement dans les boules de mousse.

6 Coupez les brins de lavande à une longueur totale de 5 cm (2 po) et réunissez-les par groupes de trois. Ajoutez-les sur les boules, entre les autres éléments.

7 Coupez les tiges d'eucalyptus, de nigelle et la lavande qui restent à des longueurs variées et plantez-les au pied de l'arbre, dans la mousse synthétique, de façon à la dissimuler entièrement.

Cet arbre est assez élaboré : il réunit de nombreux éléments, ce qui nécessite un certain travail de montage sur fil de fer. On peut obtenir un effet plus original encore en se limitant à un ou deux des matériaux, par exemple les roses et les tranches de pommes.

ROSES DANS UN BIDON D'HUILE D'OLIVE

• • •

Choisir un bidon d'huile d'olive pour y placer un bouquet de fleurs séchées peut surprendre mais, avec ses teintes rouges, jaunes et vertes, celui-ci constitue un récipient amusant. Étant donné l'originalité du contenant, l'arrangement floral ne comporte qu'une seule variété de fleurs, et d'une même couleur. Il en résulte une composition d'un esprit résolument contemporain.

FOURNITURES

. . .

petit bidon rectangulaire d'huile d'olive

. . .

couteau

. . .

morceau de mousse synthétique pour fleurs séchées

. . .

ciseaux

. . .

40 roses séchées « Jacaranda »

. . .

raphia

Si vous trouvez un jour une boîte ou un bidon amusant, songez qu'il peut faire un beau récipient pour un arrangement floral. De plus, pour un bouquet de fleurs séchées, il n'a pas besoin d'être étanche.

1 Découpez la mousse synthétique de sorte qu'elle arrive à 2 cm (³/₄ po) du bord du bidon.

2 Coupez les roses séchées de sorte qu'elles dépassent de 10 cm (4 po) du bidon. En commençant par la gauche, alignez une première rangée de cinq roses, d'avant en arrière, bien serrées. Continuez à former des rangées bien parallèles à la première.

3 Alignez ainsi toutes les roses. Puis prenez plusieurs brins de raphia sur une épaisseur de 3 cm (1 ¹/₄ po), que vous tortillez pour les rendre plus solidaires. Garnissez-en le bord de la boîte tout autour des tiges des roses et, sans serrer, formez un nœud.

PETIT BOUQUET DE PIVOINES ROSES

• • •

Ce joli bouquet prouve qu'avec les techniques actuelles de conservation, les fleurs gardent toutes leurs couleurs d'origine.

Il est composé en spirale, avec des fleurs aux longues tiges. Le coloris en est très vif, avec les teintes fuchsia et pourpre des roses, des pivoines et de la marjolaine.

1 Disposez sur la table, pour plus de commodité, les différents éléments. Répartissez la marjolaine en quinze petites bottes. Commencez par prendre une pivoine en la tenant environ au tiers de sa hauteur en partant du bas. Puis prenez deux roses, ajoutez une botte de marjolaine, une autre pivoine, et ainsi de suite tout en tournant le bouquet dans la main pour l'arranger en spirale. Changez de temps en temps la position de votre main pour donner un sommet arrondi au bouquet.

2 Quand tous les éléments sont inclus dans le bouquet, liez la ficelle solidement autour des tiges, à l'endroit où elles se croisent. Égalisez les extrémités des tiges, à environ un tiers du point d'attache. Complétez d'un nœud formé avec le ruban autour du point d'attache.

FOURNITURES

. . .

botte de marjolaine séchée

. . .

15 pivoines rose foncé séchées

. . .

30 roses rose foncé séchées

. . .

ficelle

. . .

ciseaux

. . .

ruban

Ce bouquet peut faire un cadeau raffiné et il change des fleurs fraîches.

ÉTOILE MURALE AROMATIQUE

• • •

Cette décoration murale en forme d'étoile est formée de longs bâtons de cannelle, rehaussés de brins de lavande. Ceux-ci créent un contraste de couleur et de matière et ajoutent une note de fraîcheur au parfum puissant et chaud de la cannelle. Manipulez-la avec précaution car elle est assez friable.

FOURNITURES

. . .

15 bâtons de cannelle de 30 cm (12 po) de long

. . .

raphia

. . .

ciseaux

. . .

75 brins de lavande

. . .

ruban

Pour une décoration de Noël, remplacez la lavande par des tranches de fruits séchés et des capsules de graines dorées. Les bâtons de cannelle peuvent aussi être remplacés par n'importe quelles branches suffisamment solides.

1 Répartissez les bâtons de cannelle en cinq groupes de trois. Liez deux groupes, que vous attachez bien avec du raphia, par les extrémités pour former une pointe. Coupez les bouts de raphia superflus.

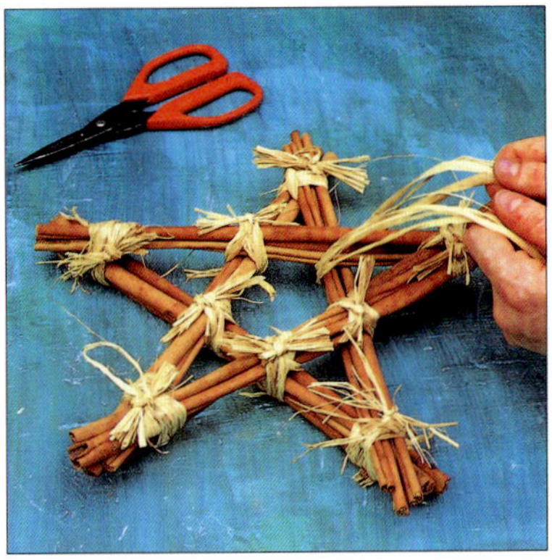

2 Continuez de lier par leurs extrémités les bâtons de cannelle afin de former une étoile. Puis attachez-les également aux intersections afin de constituer une armature solide.

3 Répartissez les brins de lavande par bottes de quinze. Retournez l'étoile pour que les nœuds se trouvent derrière et nouez, à l'inverse, les brins de lavande sur le dessus, avec du raphia, aux points d'intersection de l'étoile.

4 Quand toutes les bottes de lavande sont attachées, faites un petit nœud avec le ruban et fixez-le au point d'intersection situé en bas de l'étoile.

DÉCOR DE TABLE AUX PIVOINES

• • •

Cet élégant décor de table peut se réaliser à l'occasion d'une fête et resservir à chaque nouvelle occasion.

Son élaboration, relativement simple, ne nécessite qu'un minimum de montage sur fil de fer.

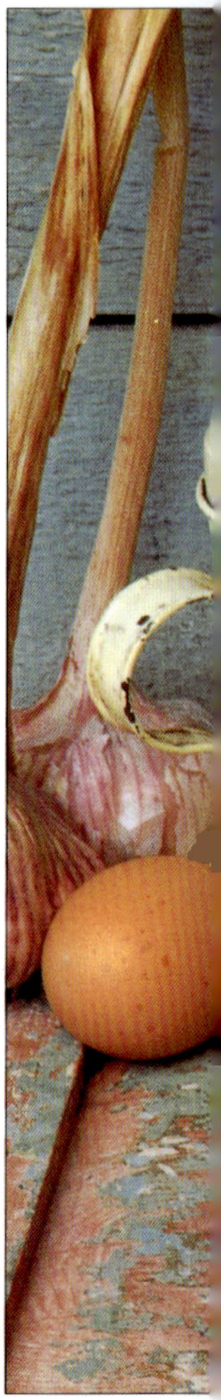

FOURNITURES

. . .

morceau de mousse synthétique

. . .

coupelle en terre cuite

. . .

couteau

. . .

Floratape

. . .

ciseaux

. . .

10 branches d'eucalyptus traitées (séchées)

. . .

18 tranches de pommes traitées (séchées)

. . .

fil de fer de 0,71 mm

. . .

2 grandes fleurs d'hortensia séchées

. . .

20 feuilles de pivoine séchées

. . .

10 pivoines rose pâle séchées

. . .

20 roses rose foncé séchées

. . .

10 branches de ti tree

1 Découpez le bloc de mousse synthétique aux dimensions de la coupelle et fixez-le bien avec du Floratape. Coupez les branches d'eucalyptus, débarrassées des feuilles basses, à environ 13 cm (5 po) de long, et disposez-les régulièrement dans la mousse, de manière à former les contours arrondis du bouquet.

2 Groupez les tranches de pommes par trois et montez-les sur des fils de fer doublés. Répartissez-les. Elles devront être légèrement plus basses que les branches d'eucalyptus.

3 Divisez chaque fleur d'hortensia en trois petits bouquets que vous piquez dans la mousse synthétique. Répartissez-les à travers tout le bouquet et enfoncez-les au fur et à mesure de son élaboration.

4 Coupez les tiges de pivoines à environ 12 cm (4 ¾ po) de longueur et répartissez-les. Les pivoines ne doivent pas être enfoncées.

Cette superbe composition convient à une table de petites dimensions.

5 Coupez les tiges des roses à environ 12 cm (4 ³/₄ po) de long et piquez-les dans la mousse parmi les autres éléments.

6 Introduisez les feuilles de pivoine entre les fleurs. Coupez des branchettes de ti tree d'environ 12 cm (4 ³/₄ po) de long pour pouvoir les intégrer aussi dans le bouquet.

COURONNE DE ROSES AUX ÉTOILES DE MER

• • •

L'effet de cette décoration murale, pourtant très simple, repose sur l'emploi d'une seule variété de fleurs, encadrée par une bordure de motifs géométriques. Grâce à ses couleurs, à la fois douces et chaudes, elle peut orner une chambre à coucher.

FOURNITURES

. . .

10 petites étoiles de mer séchées

. . .

ciseaux

. . .

fil de fer de 0,71 mm

. . .

colle liquide

. . .

petite couronne de mousse synthétique pour fleurs séchées

. . .

45 roses rose nacré séchées

. . .

ruban de velours

L'élaboration de cette couronne nécessite un peu de montage sur fil de fer, mais elle ne présente aucune difficulté.

1 Montez les étoiles de mer sur support double en enserrant l'une des branches. Coupez le fil de fer à 2,5 cm (1 po) de long. Déposez de la colle sur le fil de fer et sur la branche de l'étoile et plantez-la sur le bord extérieur de la couronne. Garnissez-en ainsi le pourtour en laissant un espace de 3 cm (1 ¼ po) pour le ruban.

2 Coupez les tiges des roses à environ 2,5 cm (1 po) de long. Mettez un peu de colle sur la tige et sur la base des fleurs. Piquez-les dans la mousse synthétique en formant un premier cercle de roses juste au-dessus des étoiles, puis d'autres cercles vers le centre, jusqu'à recouvrir entièrement la couronne, à l'exception de l'emplacement du ruban.

3 Faites passer le ruban à l'intérieur de la couronne, puis rabattez-le dans l'espace laissé vacant pour faire un nœud décoratif qui dissimulera la mousse synthétique ou permettra de suspendre la couronne.

Pivoines et coquillages

Cette composition marie habilement coquillages et fleurs dans une gamme subtile de rose, de mauve et de vert. L'ensemble forme un très élégant bouquet rond. On a choisi ici un vase en céramique à la glaçure craquelée qui rappelle la superbe texture des coquillages dont les cônes émergent des fleurs.

Fournitures

couteau

morceau de mousse synthétique pour fleurs séchées

bol en céramique

Floratape

ciseaux

12 pivoines rose pâle séchées

3 hortensias séchés

7 coquillages coniques

Cet arrangement sera parfait dans une salle de bains, à condition qu'il ne soit pas trop exposé à l'humidité.

1 Découpez la mousse synthétique aux dimensions exactes du récipient et fixez-la avec du Floratape. Coupez les tiges de pivoine, débarrassées de leurs feuilles, à environ 9 cm (3 ½ po) de long. Piquez-les dans la mousse afin de former un sommet de bouquet arrondi. Répartissez les feuilles de pivoine.

2 Divisez chaque fleur d'hortensia en trois petits bouquets que vous piquez dans la mousse, entre les pivoines. Répartissez les coquillages en introduisant leur partie renflée entre les fleurs qui les maintiennent alors en place (avec un peu de colle si nécessaire).

BOUQUETS D'ÉTÉ

• • •

Habituellement, quand on achète des fleurs en été, ce sont des fleurs fraîches que l'on dispose en bouquet dans un vase. Voici deux arrangements floraux qui en sont les équivalents, mais qui sont réalisés avec des fleurs séchées.

Ces bouquets réunissent des fleurs d'été aux couleurs particulièrement vives : des pieds-d'alouette pourpres et roses, des chardons, des pivoines rose foncé et de vertes amarantes.

Pour réussir ces compositions florales, il suffit de s'abandonner au jeu des associations de couleurs, en respectant l'équilibre entre les différents éléments et le récipient.

FOURNITURES

. . .

ciseaux

. . .

10 pieds-d'alouette pourpres séchés

. . .

2 pichets

. . .

10 pieds-d'alouette roses séchés

. . .

10 petits chardons

. . .

10 amarantes (dressées) vertes séchées

. . .

16 pivoines rose foncé séchées

Ces bouquets sont plus spectaculaires lorsqu'on les dispose par deux.

1 Répartissez les éléments floraux en deux tas équivalents. Coupez les tiges des pieds-d'alouette pourpres à environ trois fois la hauteur du pichet. Placez cinq d'entre eux librement dans chaque pichet. Coupez les tiges des pieds-d'alouette roses à la même longueur que les précédents.

2 Répartissez les pieds-d'alouette roses dans les deux pichets. Détachez toutes les branches secondaires des chardons pour les utiliser séparément. Coupez les branches principales à trois fois la hauteur du pichet et répartissez-les ainsi que les branches séparées.

3 Coupez les tiges d'amarante à trois fois la hauteur du pichet et ajoutez-en cinq dans chacun d'entre eux.

4 Coupez les tiges des pivoines à différentes longueurs : les plus grandes à 2,5 cm (1 po) de moins que les pieds-d'alouette et les plus courtes à 20 cm (8 po) de moins que celles-ci. Répartissez-les dans les deux bouquets.

PETIT BOUQUET PARFUMÉ AU CITRON ET À LA ROSE

• • •

Autrefois, on portait sur soi de petits bouquets parfumés, composés de plantes odorantes, parfois de fleurs, pour éloigner les mauvaises odeurs et prévenir les maladies.

Ce petit bouquet réunit des citrons entiers séchés, des roses jaunes séchées et des chardons liés par un ruban. Si les roses et les citrons perdent leur parfum, on peut, pour le raviver, tremper le ruban dans l'eau de Cologne ou les asperger d'huiles parfumées.

FOURNITURES

. . .

3 citrons séchés, le zeste incisé

. . .

fil de fer de 0,71 mm

. . .

ciseaux

. . .

15 roses jaunes séchées

. . .

15 chardons

. . .

ficelle

. . .

ruban

Bien qu'il faille monter les citrons sur fil de fer, ce bouquet peut être réalisé rapidement.

1 Ajoutez une tige aux citrons en enfilant un fil de fer en travers de la base, dans une des incisions, pour le faire ressortir dans l'autre. Rabattez de part et d'autre les deux extrémités que vous tortillez.

2 Coupez les tiges des roses et des chardons à environ 12 cm (4 ½ po) de long. Commencez par une rose au centre et composez le bouquet en spirale, en le tournant au fur et à mesure.

3 Quand tous les éléments forment un petit bouquet rond et bien dense, liez-le avec la ficelle. Égalisez l'extrémité des tiges. Nouez le ruban au point d'attache.

PYRAMIDE DE ROSES ET DE CHARDONS

• • •

Cette composition originale est formée de cercles superposés sur une forme conique, chaque rangée ne comportant que des fleurs de même variété et de même couleur. On obtient ainsi un décor très riche, fondé sur un rythme géométrique.

1 Encastrez bien le cône de mousse dans le récipient. Coupez les tiges d'ageratum à environ 2,5 cm (1 po) de long, et disposez-les dans la mousse, en ellipse le long du bord du récipient. Coupez les tiges des roses à 2,5 cm (1 po) de long et formez un deuxième rang bien serré contre le premier.

2 Coupez les brins de marjolaine et les tiges des chardons à environ 2,5 cm (1 po) de long. Formez une troisième rangée elliptique de marjolaine, puis une quatrième avec les chardons, et continuez ainsi jusqu'à couvrir entièrement le cône. Terminez avec une rose au sommet.

3 Nouez le ruban autour du récipient et faites un beau nœud sur le devant.

FOURNITURES

. . .

cône en mousse synthétique pour fleurs séchées de 28 cm (11 po) de haut

. . .

récipient en métal galvanisé d'environ 12 cm (4 $^1/_2$ po) de diamètre

. . .

ciseaux

. . .

20 ageratums

. . .

40 roses roses séchées

. . .

20 brins de marjolaine séchée

. . .

10 petits chardons

. . .

ruban

Avec ses couleurs délicates et le raffinement de son ruban, cette composition ornera agréablement une coiffeuse dont le miroir reflétera les différents angles de vue.

DÉCOR DE TABLE ESTIVAL

• • •

Ce petit arrangement floral, très élégant, constitue un superbe centre de table pour un repas aux saveurs d'été.

Les éléments choisis, des roses couleur pêche, des monnaies-du-pape et des phalaris vert pâle, se combinent pour célébrer l'été, impression que vous pouvez rehausser en vaporisant l'ensemble d'huiles aux senteurs estivales.

FOURNITURES

. . .

couteau

. . .

morceau de mousse synthétique pour fleurs séchées

. . .

petit panier

. . .

Floratape

. . .

ciseaux

. . .

5 branches de monnaie-du-pape séchées

. . .

20 tiges de roses branchues séchées

. . .

50 phalaris naturels séchés

. . .

ruban

1 Découpez la mousse synthétique aux dimensions du panier, de sorte qu'elle dépasse du bord de 2 cm (3/4 po) environ. Fixez-la avec du Floratape.

2 Détachez les ramifications des branches de monnaie-du-pape, que vous coupez à 8 cm (3 ¼ po) de longueur et formez l'armature de la composition.

3 Coupez les roses à environ 8 cm (3 ¼ po) de long et répartissez-les régulièrement entre les branches de monnaie-du-pape.

4 Coupez les tiges de phalaris à une longueur de 8 cm (3 ¹/₄ po) et répartissez-les entre les branches de monnaie-du-pape et les roses.

5 Quand toutes les fleurs sont utilisées, nouez le ruban autour du panier et formez un joli nœud sur le devant.

Toutes ces tiges de fleurs sont relativement fragiles, manipulez-les avec précaution, notamment lorsque vous les piquez dans la mousse synthétique.

BOUQUET EN BOULE JAUNE ET BLEU

• • •

FOURNITURES

. . .

2 morceaux de mousse synthétique pour fleurs séchées

. . .

cuvette en métal galvanisé de 30 cm (12 po) de diamètre

. . .

Floratape

. . .

ciseaux

. . .

25 gros chardons teintés en bleu foncé

. . .

35 achillées jaunes naturelles séchées

Ce décor de table agrémentera une cuisine ou une salle à manger de style contemporain.

Cette composition, au style très moderne, réunit des éléments simples aux couleurs contrastées, qui lui confèrent un aspect très gai et vif.

Le gris satiné d'une cuvette en métal galvanisé convient parfaitement à cette association d'achillées jaune foncé et de chardons bleus épineux.

1 Encastrez la mousse dans la cuvette et fixez-la avec du Floratape. Coupez les tiges des chardons à 12 cm (4 ³/₄ po) de long. Placez les petites sur le pourtour et les grosses au milieu.

2 Coupez les tiges d'achillée à environ 12 cm (4 ³/₄ po) de long et répartissez-les entre les chardons, bien serrées pour ne laisser aucun espace vide.

COURONNE DE CHARDONS ET DE COQUILLES DE MOULE

• • •

Cette composition évoque joliment le bord de mer grâce à ses chardons épineux, qui contrastent avec la surface dure et lisse des coquilles de moule, grâce surtout à sa belle couleur bleue.

1 Positionnez les coquilles de moule sur la couronne, en trois points équidistants et par groupes de trois, en les faisant se chevaucher légèrement. Collez-les les unes aux autres, et sur la couronne.

2 Coupez les tiges de chardons à environ 2,5 cm (1 po) de long. Déposez une goutte de colle à l'extrémité et piquez-les dans la mousse jusqu'à remplir tous les espaces entre les coquilles de moule.

FOURNITURES

. . .

9 coquilles de moule

. . .

couronne de mousse synthétique pour fleurs séchées de 13 cm (5 po) de diamètre

. . .

pistolet à colle et colle

. . .

65 chardons de différentes grosseurs

Cette couronne sera du plus bel effet dans une salle de bains ou une cuisine.

CHAPEAU DE PAILLE FLEURI

• • •

Décorez vous-même votre chapeau. Ainsi vous serez sûre de ne rencontrer personne qui porte le même !

Rehaussé des tons chauds des tournesols, des tranches de citrons et d'oranges, un simple chapeau de paille se métamorphose en un chef-d'œuvre digne du plus grand couturier.

FOURNITURES

. . .

30 tranches d'oranges séchées

. . .

fil de fer de 0,71 mm

. . .

30 tranches de citrons séchées

. . .

30 tranches de pommes séchées

. . .

Floratape

. . .

ciseaux

. . .

10 tournesols séchés

. . .

chapeau de paille

. . .

fil de cuivre de 0,32 mm

1 Regroupez les tranches d'oranges par trois et montez-les sur support double. Procédez de même pour les tranches de citrons et de pommes. Habillez les tiges de fil de fer de Floratape. Coupez les tiges des tournesols à 2,5 cm (1 po) de long. Montez-les sur double support et habillez les tiges de Floratape.

2 Fabriquez une armature avec quatre fils de fer dépassant les uns des autres de 3 cm (1 ¼ po) et assemblez au Floratape, jusqu'à obtenir une longueur de fil d'environ 4 cm (1 ¾ po) de plus que le tour de la calotte du chapeau.

3 Regroupez les différents éléments en tas séparés pour plus de commodité, et assemblez-les sur l'armature à l'aide du Floratape, dans l'ordre suivant : tranches d'oranges, tranches de pommes, tournesols et tranches de citrons. Ne laissez libres que les quatre derniers centimètres (1 ¾ po) de l'armature, que vous joignez à l'autre extrémité, entre les fleurs, et fixez au Floratape.

4 Positionnez la couronne sur le chapeau de sorte qu'elle repose sur le bord et fixez-la avec du fil de cuivre piqué dans la paille et tortillé autour de l'armature en quatre points du chapeau. Corrigez éventuellement la position des divers éléments.

La décoration de ce chapeau est comparable à l'élaboration d'une couronne : elle nécessite de monter les éléments sur fil de fer mais ne pose aucune difficulté.

BOUGEOIR ORNÉ DE ROSES ET D'ÉTOILES DE MER

• • •

Voici une décoration originale pour une grosse bougie, composée de roses séchées et d'étoiles de mer. Elle sera superbe sur une table à laquelle elle donnera un petit air marin.

FOURNITURES

. . .

9 petites étoiles de mer séchées

. . .

fil de fer de 0,71 mm

. . .

grosse bougie de 7,5 cm de large (5 po)

. . .

couronne de mousse synthétique pour fleurs séchées de 7,5 cm (5 po) de diamètre

. . .

lichen

. . .

40 roses séchées

Tandis que les roses couleur crème s'accordent avec la teinte de la bougie, les étoiles de mer, d'un orangé vif, créent une vibration colorée et contrastent par leur forme géométrique.

1 Montez toutes les étoiles de mer sur support double, autour de l'une des branches. Coupez les fils de fer à environ 2,5 cm (1 po) de long.

2 Placez la bougie au milieu de la couronne. Pliez et coupez les fils de fer en épingles à cheveux de 2 cm (1 ¾ po) de long, et servez-vous-en pour fixer le lichen sur les bords de la couronne.

3 Répartissez les étoiles de mer par groupes de trois et piquez-les dans la mousse synthétique.

4 Coupez les tiges des roses à environ 2,5 cm (1 po) de long et piquez-les dans la mousse en deux cercles de fleurs, bien serrées autour de la bougie.

COMPOSITION VERTICALE AUX ARTICHAUTS

• • •

Cette composition verticale a ceci d'original qu'elle se compose de végétaux séchés, montés sur un pique-fleurs. Lors de la réalisation, il convient de tenir compte du poids des artichauts, qui risque de déséquilibrer l'ensemble : il faut donc les positionner judicieusement. Assurez-vous que toutes les tiges sont bien soutenues par le pique-fleurs.

FOURNITURES

. . .

6 branches de noisetier (ou de coudrier) noueuses

. . .

pique-fleurs

. . .

support à pied

. . .

9 fleurs d'artichaut séchées

. . .

25 graines de pavot séchées sur tige

Piquez quelques branches de noisetier, naturellement pendantes, à l'avant du pique-fleurs et laissez-les retomber le long du pied du support, légèrement à droite de l'axe central.

1 Piquez les branches de noisetier, coupées à 45 cm (18 po) de longueur, dans le pique-fleurs, les plus hautes à l'arrière.

2 Répartissez les fleurs d'artichaut au milieu des branches, en plaçant la plus petite sur la plus haute tige, au milieu et à l'arrière, les autres par ordre décroissant de taille vers l'avant, la plus grosse à un tiers environ de la hauteur en partant du bas.

3 Répartissez les graines de pavot, la plus haute à l'arrière, à mi-hauteur entre la plus haute fleur d'artichaut et la plus grande branche de noisetier, puis les autres par ordre décroissant de taille, certaines retombant vers l'avant et la droite.

PETIT BOUQUET DANS UN BOUGEOIR

• • •

Nombreux sont les récipients dans une maison qui, par leur couleur, leur forme ou leur matière, peuvent recevoir des fleurs. C'est ici un bougeoir en cuivre, en forme de couronne, qui a suscité l'idée d'y placer un petit bouquet.

Ce type d'arrangement floral, sobre et de dimensions réduites, est parfait dans un endroit surélevé comme un dessus de cheminée, ou même un gâteau de mariage.

1 Découpez le morceau de mousse synthétique aux dimensions exactes du bougeoir, de sorte qu'il arrive à 2 cm (3/4 po) en dessous du bord.

2 Coupez les tiges de pavot à 9 cm (3 1/2 po) de long et piquez-les dans la mousse de façon à former un sommet arrondi.

3 Coupez les tiges des roses à 9 cm (3 1/2 po) de long et ajoutez-les entre les capsules de pavot de manière à accentuer la rondeur du bouquet.

FOURNITURES

. . .

couteau

. . .

morceau de mousse synthétique pour fleurs séchées

. . .

bougeoir en forme de couronne

. . .

ciseaux

. . .

15 pavots

. . .

20 roses rouges séchées

La méthode d'élaboration, très simple, de ce bouquet peut s'appliquer à tout arrangement destiné à un récipient de taille réduite.

BORDURE DE PANIER BLEUE

• • •

FOURNITURES

. . .

ciseaux

. . .

33 chardons

. . .

fil de fer de 0,71 mm

. . .

24 tiges de panicaut marin

. . .

fil d'argent de 0,38 mm

. . .

botte d'ageratums

. . .

botte de marjolaine

. . .

60 brins de lavande

. . .

Floratape

. . .

panier en fil de fer et en osier

. . .

fil de cuivre de 0,32 mm de grosseur en bobine

Ces fleurs séchées transforment le panier en un bel objet qui décorera la maison.

Il est très satisfaisant de redonner vie à des objets défraîchis en renouvelant leur aspect. Ce peut être par une couche de peinture, mais aussi, dans le cas de ce vieux panier en fil de fer et en osier, une bordure de fleurs séchées.

On a choisi ici une gamme de bleus, de mauves et de pourpres avec de la marjolaine, des ageratums, de la lavande, des chardons et du panicaut marin.

1 Coupez les tiges des chardons à 2,5 cm (1 po) et montez chacune sur support double avec le fil de fer. Coupez les tiges de panicaut à 2,5 cm (1 po) et montez-les aussi sur double support avec du fil d'argent. Divisez l'ageratum et la marjolaine en vingt petits bouquets de 5 cm (2 po) et montez-les chacun sur double support avec du fil d'argent. Coupez les brins de lavande à 5 cm (2 po), montez-les par trois sur support double. Habillez de Floratape.

2 Positionnez une tige de panicaut sur le bord du panier et cousez-la avec du fil de cuivre. Puis cousez côte à côte, successivement, en les faisant se chevaucher légèrement, un bouquet d'ageratums, un chardon, une botte de marjolaine, une autre de lavande. Continuez ainsi tout autour du panier. À la fin, enroulez plusieurs fois le fil de cuivre sur lui-même pour bien l'attacher au panier.

URNE DE PIVOINES ET FLEURS D'ARTICHAUT

• • •

Cette petite urne en fonte séduit par l'élégance de son galbe et la beauté de ses tons de gris. Pour s'accorder à ces qualités, le bouquet est dense et ses couleurs restent délicates. Sont associés des pivoines rose pâle avec des artichauts marron aux touffes violettes, sur fond de capsules de pavot dont les teintes grises s'harmonisent avec celles de l'urne.

FOURNITURES

. . .

couteau

. . .

morceau de mousse synthétique pour fleurs séchées

. . .

urne en fonte

. . .

Floratape

. . .

ciseaux

. . .

5 tiges d'artichaut séché en fleur

. . .

8 pivoines rose pâle séchées

. . .

16 pavots séchés

Ce bouquet est conçu pour mettre en valeur le support, c'est pourquoi les règles habituelles de l'agencement floral sont inversées : ici, les dimensions du vase comptent pour les deux tiers de la hauteur totale.

1 Découpez le morceau de mousse synthétique aux dimensions de l'urne, de sorte qu'il arrive juste au niveau du bord. Fixez-le avec du Floratape.

2 Coupez les tiges d'artichaut à environ 13 cm (5 1/4 po) de long. Plantez-en une au centre, puis les autres autour, en les enfonçant chacune de plus en plus pour former un sommet arrondi.

3 Coupez les tiges de pivoine à environ 13 cm (5 1/4 po) de long. Répartissez-les régulièrement de façon assez dense mais toujours légèrement en retrait par rapport aux fleurs d'artichaut.

4 Coupez les tiges de pavot à environ 13 cm (5 1/4 po) de long, et répartissez-les dans tout le bouquet, leurs capsules à la même hauteur que les fleurs d'artichaut.

DÉCOR DE BOUGIE AUX PIVOINES ET CHARDONS

• • •

Ce bel arrangement floral dans un pot en terre cuite est destiné à entourer une bougie. De style résolument contemporain par l'emploi de fleurs serrées les unes contre les autres, il est également superbe de couleur avec le rose foncé des pivoines associé au bleu intense des chardons, autour d'une bougie vert foncé et d'un ruban vert pomme. Ce sera un superbe cadeau.

FOURNITURES

. . .

morceau de mousse synthétique pour fleurs séchées

. . .

pot en terre cuite de 15 cm (6 po) de diamètre

. . .

grosse bougie

. . .

ciseaux

. . .

10 pivoines rose foncé séchées

. . .

15 petits chardons séchés

. . .

ruban

Toute la force de cet ornement floral réside dans la densité des pivoines, serrées les unes contre les autres. Surveillez la combustion de la bougie et ne la laissez pas brûler à moins de 5 cm (2 po) de la décoration.

1 Découpez le morceau de mousse synthétique aux dimensions du pot dans lequel vous le calez bien. Plantez la bougie au milieu, bien stable et droite.

2 Coupez les tiges de pivoine à environ 4 cm (1 ½ po) et celles des chardons à 5 cm (2 po). Commencez par piquer les pivoines dans la mousse, puis les chardons au milieu d'elles.

3 Assurez-vous que toutes les fleurs sont bien à la même hauteur. Nouez le ruban autour du pot. Coupez en biais les extrémités du nœud pour que le tissu ne s'effiloche pas.

Pot-pourri Estival

• • •

Le pot-pourri traditionnel se compose essentiellement de pétales de roses. Fraîches, ces fleurs dégagent en effet un puissant parfum qui subsiste bien après qu'elles ont séché. Mais aujourd'hui la réussite d'un pot-pourri ne repose plus entièrement sur son parfum, car il existe une large gamme d'huiles essentielles... Les éléments employés sont choisis aussi pour leur beauté visuelle.

Ce pot-pourri est composé non pas de pétales, mais de boutons et de fleurs entières. Le panicaut marin, les tranches de pommes et les citrons entiers ont été ajoutés uniquement pour leur aspect.

1 Supprimez les tiges de lavande pour ne conserver que les fleurettes. Mettez tous les ingrédients séchés dans le saladier et mélangez-les bien. Ajoutez quelques gouttes d'essence parfumée. Mélangez de nouveau à la cuillère. Quand, au bout de quelque temps, le parfum disparaît, rajoutez-en quelques gouttes.

Fournitures

...

20 brins de lavande

...

grand saladier en verre

...

essence de fleurs mêlées

...

20 roses rose pâle séchées

...

2 poignées de boutons de rose séchés

...

boutons d'hibiscus

...

10 fleurs de panicaut marin

...

15 tranches de pommes traitées (séchées)

...

5 citrons séchés

...

clous de girofle

Avec ses tons à dominante rose et pourpre, ses couleurs et ses effluves parfumés, ce pot-pourri va embellir la maison durant tout l'été.

BOUQUET POUR LA SALLE DE BAINS

• • •

La vapeur d'eau risque d'endommager les fleurs séchées mais, si vous acceptez que votre bouquet dure moins longtemps, un arrangement floral constitue un très joli décor pour une salle de bains. Celui-ci comporte des étoiles de mer qui symbolisent les profondeurs marines, tandis que ses couleurs pastel – rose nacré, abricot, bleu, vert pâle et blanc crème – évoquent un doux soleil d'été.

Cet arrangement peut se placer n'importe où dans la maison car il s'accordera avec tous les styles de décoration. Ses teintes et ses dimensions mettent bien en valeur son récipient bleu délavé.

FOURNITURES

. . .

couteau

. . .

2 morceaux de mousse synthétique pour fleurs séchées

. . .

panier en bois

. . .

Floratape

. . .

ciseaux

. . .

50 tiges de phalaris naturel

. . .

40 roses rose nacré

. . .

20 immortelles crème

. . .

150 brins de lavande

. . .

15 petites étoiles de mer séchées

. . .

fil de fer de 0,71 mm

1 Découpez les morceaux de mousse aux dimensions du panier et fixez-les avec du Floratape. Coupez les tiges de phalaris à 10 cm environ (4 po) de longueur et piquez-les dans la mousse de manière à établir les contours du bouquet.

2 Coupez les tiges des roses à environ 10 cm (4 po) de long et répartissez-les régulièrement dans le bouquet.

3 Coupez les tiges des immortelles à 10 cm environ (4 po) de long et piquez-les dans la mousse, entre les roses et les phalaris, en enfonçant certaines davantage. Coupez les brins de lavande à 11 cm (4 ½ po) de long et répartissez-les par groupes de cinq.

4 Montez sur l'une des branches les étoiles de mer sur double support. Coupez-en les tiges métalliques à environ 10 cm (4 po) de long et répartissez-les régulièrement dans tout le bouquet.

Cet arrangement nécessite quelques montages sur fil de fer mais la répartition régulière des différents éléments en facilite l'élaboration.

CARREAU, CŒUR, PIQUE ET TRÈFLE

• • •

Ces jolis motifs fleuris qui reprennent les symboles des quatre couleurs des jeux de cartes sont amusants. Ils seront du plus bel effet groupés tous ensemble, éventuellement alignés, mais ils peuvent aussi être encadrés et disposés séparément.

Le carreau est fait de brins de lavande parfumée, orientés dans le même sens pour souligner la pureté de ses lignes. Le cœur est, comme il convient, formé de roses rouges. Le contour du pique est constitué par une succession de capsules de pavot ovales, d'un beige clair aux reflets bleutés, couronnées de leur petite tête étoilée. Enfin, des graines de nigelle vert pâle, rayé de carmin, dessinent la forme du trèfle.

Indépendamment de tout autre critère, l'élaboration de ces décorations constitue un excellent exercice pour maîtriser la technique du montage sur fil de fer et celle de l'habillage des tiges. Elle permet notamment de comprendre quelle peut être la souplesse d'une armature, susceptible de se plier à des contours relativement complexes, et l'importance du choix des matériaux pour l'aspect d'une décoration florale.

Carreau de Lavande

• • •

1 Avec du fil de fer de 0,71 mm de grosseur, confectionnez une tige d'armature suffisamment longue. Habillez-la de Floratape. Donnez-lui la forme d'un carreau de carte à jouer d'environ 22 cm (8 ¾ po) de haut, les deux extrémités restant libres dans l'angle inférieur.

Fournitures

. . .

fil de fer de 0,71 mm

. . .

Floratape

. . .

ciseaux

. . .

150 brins de lavande séchée

. . .

fil d'argent de 0,38 mm

Pour donner à cette forme simple toute sa force, assurez-vous que les brins de lavande sont tous orientés dans le même sens.

2 Coupez les brins de lavande à une longueur de 5 cm (2 po) environ et groupez-les par trois, que vous montez ensemble sur double support avec du fil d'argent de 0,38 mm. Habillez les trente-cinq petits bouquets de Floratape.

3 En commençant par le sommet, attachez les brins de lavande sur le cadre avec du Floratape. Faites-les se chevaucher pour former une ligne continue sur une première moitié du carreau, jusqu'à l'angle inférieur ouvert. Puis partez de cet angle pour garnir l'autre moitié de la forme. Réunissez enfin les deux extrémités libres avec du Floratape.

TRÈFLE EN GRAINES DE NIGELLE

• • •

FOURNITURES

. . .

fil de fer de 0,71 mm

. . .

Floratape

. . .

ciseaux

. . .

57 graines de nigelle séchées, de taille identique

. . .

fil d'argent de 0,38 mm

Ce motif crée une décoration très belle et amusante.

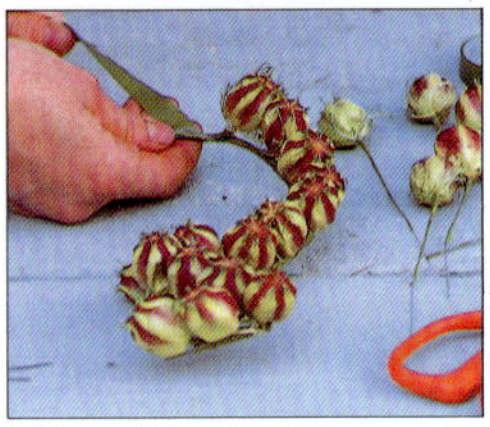

1 Avec du fil de 0,71 mm, confectionnez une tige de support suffisamment longue, que vous habillez de Floratape. Donnez-lui la forme d'un trèfle de carte à jouer d'environ 22 cm (8 ¾ po) de haut, les deux extrémités se recoupant au niveau de l'horizontale du bas.

2 Coupez les tiges des graines de nigelle à 2,5 cm (1 po) environ et montez-les sur double support avec du fil d'argent de 0,38 mm que vous habillez de Floratape.

3 En commençant par une des extrémités libres, attachez les graines de nigelle sur le cadre, avec du Floratape. Faites-les se chevaucher légèrement pour former une ligne continue. Terminez en réunissant au Floratape les deux extrémités libres.

CŒUR DE ROSES

• • •

FOURNITURES

. . .

fil de fer de 0,71 mm

. . .

Floratape

. . .

ciseaux

. . .

50 roses rouges séchées

. . .

fil d'argent de 0,38 mm

Ce magnifique cœur fera, pour la Saint-Valentin, un cadeau à la fois original et durable.

1 Confectionnez une tige d'armature avec du fil de 0,71 mm sur laquelle élaborer la décoration. Habillez-la de Floratape. Donnez-lui la forme d'un cœur d'environ 22 cm (8 ¾ po) de haut, les deux extrémités se croisant à la pointe inférieure.

2 Coupez les tiges des roses à 2,5 cm (1 po) de long et montez-les sur support double avec du fil d'argent de 0,38 mm que vous habillez de Floratape.

3 En commençant par le haut, attachez les roses sur l'armature au Floratape, en les faisant se chevaucher légèrement pour former une ligne continue d'un côté. Repartez du haut pour garnir la seconde moitié. Réunissez les deux extrémités inférieures au Floratape.

PIQUE EN CAPSULES DE PAVOT

• • •

FOURNITURES

. . .

fil de fer de 0,71 mm

. . .

Floratape

. . .

ciseaux

. . .

50 graines de pavot

. . .

fil d'argent de 0,38 mm

Il est très important de bien serrer les graines de pavot les unes contre les autres pour leur éviter de pivoter sur elles-mêmes.

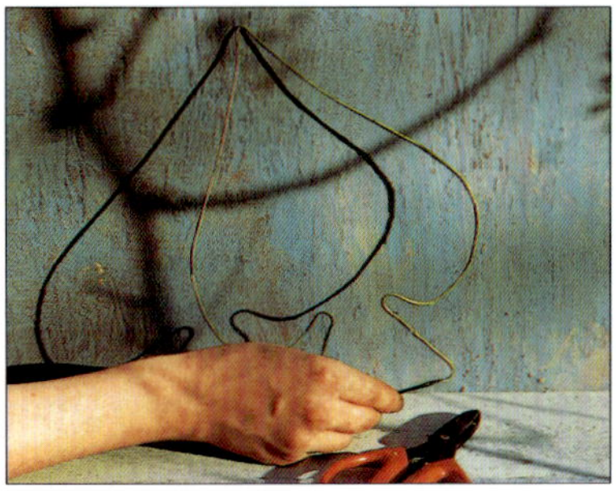

1 Confectionnez une tige d'armature avec du fil de 0,71 mm, suffisamment longue, que vous habillez de Floratape. Donnez-lui la forme d'un pique de carte à jouer d'environ 22 cm (8 ³/₄ po) de haut, les deux extrémités restant libres au niveau de l'horizontale du bas.

2 Coupez les tiges de graines de pavot à environ 2,5 cm (1 po) de long et montez-les sur support double avec du fil d'argent de 0,38 mm que vous habillez de Floratape.

3 En partant de la pointe du haut, avec la plus petite, commencez à fixer les graines au Floratape sur l'armature. Faites-les se chevaucher légèrement pour former une ligne continue. Augmentez progressivement la taille des graines jusqu'à la partie arrondie, pour la réduire ensuite vers le bas. Repartez du haut pour compléter la seconde moitié. Et réunissez au Floratape les deux extrémités libres.

Pot-pourri d'Hiver

• • •

Le pot-pourri date probablement de la Renaissance où il servait à chasser les mauvaises odeurs certainement fréquentes à cette époque.

Celui-ci se compose d'oranges entières, de grenades, de tournesols et de roses, ainsi que de gros bâtons de cannelle. Il sera apprécié non seulement pour son parfum, mais aussi pour son aspect visuel.

Ses éléments sont préalablement séchés et, même si les clous de girofle et la cannelle dégagent déjà une bonne odeur, ajoutez-y quelques gouttes d'huiles parfumées. Pour Noël, des paillettes dorées lui donneront un air de fête.

1 Mettez tous les ingrédients, à l'exception de la cannelle, dans le saladier. Mélangez bien. Cassez les bâtons de cannelle en gros morceaux que vous ajoutez au mélange.

2 Versez quelques gouttes de parfum. Saupoudrez une cuillère à soupe de paillettes dorées et, de nouveau, mélangez bien le tout.

Fournitures

. . .

5 tournesols séchés

. . .

roses rouges séchées

. . .

boutons d'hibiscus séchés

. . .

pétales de tulipes séchés

. . .

7 oranges séchées

. . .

5 petites grenades séchées

. . .

10 tranches de pamplemousse séchées

. . .

petites pommes de pin

. . .

clous de girofle

. . .

grand saladier

. . .

10 bâtons de cannelle

. . .

essences de parfum mélangées, assez épicées

. . .

poudre dorée

Ce pot-pourri est tellement facile à réaliser que vous pouvez en composer plusieurs que vous placerez dans différents endroits de la maison.

BOUQUET SÉCHÉ EXOTIQUE

Cet arrangement, disposé très traditionnellement dans une urne, tire son originalité des éléments floraux inhabituels qui le composent. Les tons de rouille de sa surface s'accordent admirablement avec les bruns, les roses et les orangés des végétaux.

Les textures sont assez rugueuses et les formes bien marquées. Pourtant, l'effet d'ensemble est adouci par les délicates sinuosités des branches de saule qui contribuent à créer l'harmonie de ce bouquet.

FOURNITURES

couteau

morceau de mousse synthétique pour fleurs séchées

petite urne en fonte

Floratape

fil de fer de 0,71 mm

lichen

branche de saule tortueux

15 petites Protea compacta *roses*

3 branches de Banksia hookerana

3 tiges de fève

3 branches de Banksia coccinera

10 boutons de Protea compacta

Ayez des gestes précis quand vous élaborez ce bouquet car, les tiges étant dures, les piquer et les enlever plusieurs fois détériorerait la mousse synthétique.

1 Découpez la mousse synthétique de sorte qu'elle dépasse du bord de 6,5 cm (2 ¾ po). Fixez-la avec du Floratape.

2 Pliez les fils de fer en épingles à cheveux, avec lesquelles vous fixez le lichen sur le pourtour de l'urne de telle sorte qu'il retombe à l'extérieur.

3 Établissez la hauteur, la largeur et la forme en éventail du bouquet à l'aide des ramifications de saule que vous piquez dans la mousse synthétique.

4 Répartissez les *Protea compacta* entre les branches de saule, la plus haute tige à l'arrière, les plus courtes sur le devant et sur les côtés. Procédez de même pour les *Banksia hookerana*.

5 Placez les tiges de fève à côté des *Banksia hookerana*, par ordre décroissant de taille, vers l'avant, et les *Banksia coccinera* régulièrement réparties à différentes hauteurs.

6 Répartissez les boutons de *Protea compacta* régulièrement par ordre décroissant de taille, de l'arrière vers l'avant et vers les côtés.

COURONNE DE FEUILLAGES VARIÉS

• • •

Cette décoration est un mélange de feuillages. La richesse des matières et la subtilité des teintes se suffisent à elles-même et ne nécessitent l'accompagnement d'aucune fleur. Certains des feuillages utilisés ici, ne résistant pas au séchage à l'air, ont été traités à la glycérine.

FOURNITURES

...

ciseaux

...

21 tiges de monnaie-du-pape non teintée

...

ficelle

...

couronne en osier tressé d'environ 30 cm (12 po) de diamètre

...

5 branches de hêtre traitées à la glycérine

...

branche de houblon séchée de 60 cm (24 po)

...

5 branches de capillaire traitées à la glycérine

Très facile à réaliser avec des matériaux en vente dans le commerce, cette couronne de feuillages constitue à l'automne une splendide décoration murale pour un hall d'entrée, ou même, si elle est à l'abri des intempéries, sur une porte.

1 Vous aurez besoin, pour recouvrir la couronne, de vingt et une tiges de chaque type de feuillage. Coupez-les toutes à environ 12 cm (4 ³/₄ po) de long. Commencez par attacher à la couronne un groupe de trois tiges de monnaie-du-pape, avec la ficelle.

2 En faisant légèrement se chevaucher la monnaie-du pape, attachez ensuite un groupe de trois tiges de hêtre avec la même ficelle. Répétez l'opération avec trois branches de houblon puis trois branches de capillaire.

3 Continuez à attacher les éléments suivant le même ordre jusqu'à recouvrir entièrement la couronne. Recoupez alors les tiges qui dépassent. Éventuellement, arrangez les feuillages pour leur donner la plus belle apparence. Arrêtez la ficelle.

GERBE MURALE

Le charme rustique de cette superbe gerbe nouée à la main est vraiment irrésistible, notamment si vous maîtrisez bien la technique de l'arrangement en spirale.

Les fleurs qui constituent le point d'attraction de la composition sont de grosses têtes de chardon orangé, dont les vigoureux piquants ressortent bien sur le blanc crème des immortelles et le vert tendre du lin et des amarantes. Le safran bâtard, avec ses curieuses touffes orangées, relie visuellement les différents éléments.

FOURNITURES

botte de lin séchée

botte d'immortelles blanches

10 tiges de safran bâtard séchées

8 gros chardons orange séchés

10 amarantes (dressées) vertes séchées

ficelle

ciseaux

ruban de papier vert

1 Pour plus de commodité, étalez bien les différentes variétés. Divisez la botte de lin et la botte d'immortelles chacune en dix petits bouquets. Détachez les ramifications des tiges de safran et de chardon pour obtenir davantage de brins. Ajoutez à la plus grande tige d'amarante une branche de safran et un petit bouquet de lin – ils doivent être plus courts que l'amarante. Ajoutez successivement les différents éléments en spirale, tout en maintenant l'équilibre entre les chardons et les immortelles, et les fleurs plus discrètes de lin et de safran.

La forme de la gerbe met en valeur les tiges autant que les tête des fleurs. Agrémentée d'un beau nœud vert, cette décoration sera magnifique dans une cuisine de style rustique.

2 Quand la gerbe est réunie, nouez-la avec de la ficelle au point de croisement des tiges que vous égalisez.

3 Faites un nœud avec le ruban de papier que vous fixez au point d'attache, les deux pointes vers les fleurs.

DÉCORATIONS DE POTS DE CONFITURE

• • •

Décoré d'éléments végétaux, tout récipient peut devenir un très joli vase. Voici trois sortes de pots de confiture de tailles différentes, destinés ici à servir de bougeoirs. Ils pourraient aussi être utilisés comme pots à crayons, vide-poches, ou bien dans la salle de bains pour y ranger les brosses à dents, même si la vapeur d'eau risque d'accélérer le vieillissement des matériaux.

L'échelle réduite de ces décorations permet d'employer des éléments très divers, notamment des matériaux inutilisables dans un bouquet. Laissez libre cours à votre imagination, pour diversifier les types de récipients et de décors floraux.

FOURNITURES

. . .

3 pots de confiture de formes différentes

. . .

colle liquide

. . .

10 ossatures de feuilles

. . .

18 roses jaunes séchées, dont on ne conserve que les fleurs

. . .

3 bougies

. . .

botte de lavande séchée

1 Enduisez de colle l'extérieur du plus grand pot sur une hauteur d'environ 12 cm (4 ³/₄ po). Collez-y cinq ossatures de feuilles, pointes vers le haut et se chevauchant légèrement, en les alignant à la base. Puis collez un peu plus haut une seconde couche de cinq feuilles, légèrement décalées par rapport à la première pour combler les vides.

2 Collez quatre roses à intervalles réguliers en haut du pot dans lequel vous placez une bougie.

3 Collez, autour du col d'un pot plus pansu, les roses restantes. Serrez-les bien pour qu'elles forment une bordure continue. Placez une bougie dans le pot.

4 Enduisez de colle l'extérieur d'un troisième pot. Séparez les brins de lavande, puis collez-les côte à côte à la verticale autour du pot, de sorte que les épis floraux dépassent du bord d'environ 1 cm (1/2 po). Ils doivent être bien serrés pour recouvrir le pot entièrement. Puis collez une seconde rangée plus bas, de sorte que les épis couvrent les tiges de la première rangée. Coupez les tiges à la base du pot. Placez une bougie à l'intérieur ou bien utilisez-le comme vase.

Ces décorations peuvent constituer un centre de table original pour un dîner.

BOUQUET ROUGE DANS UN CUBE DE VERRE BLANC

• • •

Cette composition comporte des oranges séchées, placées dans un simple récipient de verre blanc, qui constituent une sorte de socle coloré pour un bouquet uniquement composé de nuances de rouge.

Le bouquet est construit en une forme arrondie très dense, avec des éléments aux textures multiples : les piquants des chardons, le velouté des achillées, le soyeux des roses.

FOURNITURES

. . .

récipient cubique en verre de 20 cm (8 po)

. . .

20 oranges séchées

. . .

morceau de mousse synthétique pour fleurs séchées

. . .

Floratape

. . .

ciseaux

. . .

2 bottes de callistemon séché

. . .

2 bottes d'achillée séchée teintée en rouge

. . .

2 bottes de chardon teinté en rouge

. . .

2 bottes de roses rouges séchées

Cet arrangement est aussi facile à réaliser qu'ingénieux dans la mesure où les éléments de construction finissent par être totalement dissimulés.

1 Remplissez le récipient aux trois quarts avec des oranges séchées. Découpez le morceau de mousse synthétique aux dimensions du récipient de sorte que, posé sur les oranges, il dépasse du bord des deux tiers. Fixez-le avec du Floratape collé sur les parois du verre.

2 Coupez les tiges de callistemon à 10 cm (4 po) de long et piquez-les dans la mousse, de sorte qu'elles forment l'armature du bouquet.

3 Coupez les achillées à 10 cm (4 po) de longueur et répartissez-les parmi les callistemons.

4 Coupez les tiges des chardons à 10 cm (4 po) de long et répartissez-les régulièrement.

5 Coupez les tiges des roses à 10 cm (4 po) de long et répartissez-les, groupées par trois, dans les espaces laissés vides.

DÉCORS DE CHEMINÉE

• • •

DESSUS DE CHEMINÉE

FOURNITURES

. . .

morceau de mousse synthétique pour fleurs séchées

. . .

Floratape

. . .

longue branche de houblon

. . .

15 branches de hêtre traitées à la glycérine

. . .

3 épis de maïs séchés

. . .

12 tournesols séchés

. . .

12 amarantes (dressées) vertes séchées

Il est plus pratique d'utiliser des fleurs séchées qu'un bouquet de fleurs fraîches, car elles durent plus longtemps et nécessitent moins d'entretien.

Quand une cheminée ne sert pas, elle risque de ne plus être attractive. Ainsi, en ornant le dessus de la cheminée et le foyer de bouquets floraux, on lui conservera sa place d'honneur. Les éléments réunis dans cet arrangement créent une atmosphère estivale. Ils comportent des tournesols d'un jaune éclatant, des amarantes vertes, du houblon vert-jaune et des épis de maïs au centre.

Son élaboration est relativement aisée à condition de toujours garder présent à l'esprit l'équilibre des masses. Ainsi, pour éviter que le bouquet ne tombe vers l'avant, assurez-vous que le poids porte principalement à l'arrière et que la mousse synthétique est solidement fixée.

1 Coupez le morceau de mousse synthétique en deux, placez-en une moitié au centre du dessus de cheminée et fixez-le avec du Floratape. Si vous mettez la mousse sur un plateau, fixez-la d'abord bien sur ce plateau.

2 Posez la longue branche de houblon en travers sur la cheminée et fixez-la aux angles avec du Floratape. Les petits cônes vont reposer sur la mousse synthétique sans la recouvrir entièrement.

3 Piquez les branches de hêtre dans la mousse, régulièrement pour former un sommet arrondi, et de telle sorte que certaines retombent aussi sur le houblon. Plantez les épis de maïs vers l'arrière, le plus gros au centre.

4 Répartissez les tournesols dans tout le bouquet, en plaçant les plus hautes tiges à l'arrière, les plus courtes à l'avant. Placez les amarantes de façon à souligner la forme arrondie de l'ensemble.

ORNEMENT DE FOYER

FOURNITURES

1 ½ morceau de mousse synthétique pour fleurs séchées

8 branches de hêtre traitées à la glycérine

10 amarantes (dressées) vertes séchées

10 tournesols séchés

10 tiges de ti tree naturel

L'emploi de fleurs séchées permet de réaliser cette décoration en toute saison.

Égayez l'âtre inutilisé de votre cheminée par un joyeux bouquet de fleurs et de feuillages séchés. Ont été réunis ici d'éclatants tournesols qui, associés au velouté des amarantes vert clair et aux délicates petites fleurs blanches du ti tree, composent un ensemble qui ressort bien sur les tonalités rouille des feuilles de hêtre.

La mousse synthétique a été ici solidement encastrée derrière la grille du foyer. Dans une cheminée plus large, il faudra la fixer sur un plateau. Gardez à l'esprit le fait que, dans une cheminée, les fleurs sont généralement disposées vers l'avant et que le principal problème que vous rencontrerez sera d'éviter qu'elles ne tombent.

1 Encastrez la mousse synthétique dans le foyer. Coupez les branches de hêtre et disposez-les en éventail, de sorte qu'elles constituent une armature en arrondi qui déborde du foyer.

2 Répartissez les amarantes régulièrement, de sorte qu'elles soulignent ce contour.

3 Répartissez les tournesols parmi les autres éléments.

4 Complétez avec les tiges de ti tree, en respectant toujours l'agencement d'ensemble.

COURONNE D'HORTENSIAS

• • •

Les hortensias séchés sont très beaux, mais ils ne sèchent pas toujours bien à l'air libre. Paradoxalement, laisser l'hortensia dans très peu d'eau ralentit le processus de dessiccation et évite aux fleurs de se ratatiner.

Les hortensias existent en une gamme très riche de couleurs, du blanc au rose, et dans de nombreuses nuances de verts, de bleus et de rouges jusqu'au violet foncé. Dans la plupart des cas, ils conservent ces teintes en séchant.

1 Divisez chaque tige d'hortensia en cinq inflorescences. Montez-les sur support double avec le fil de fer.

2 Prenez une longueur suffisante de fil de cuivre et attachez une première fleur d'hortensia sur la couronne, en enroulant le fil autour de sa tige métallique et d'un brin d'osier. Procédez ainsi pour toutes les fleurs avec la même longueur de fil. Faites se chevaucher légèrement les fleurs pour bien recouvrir l'osier.

3 Arrêtez le fil en le passant plusieurs fois entre les brins d'osier de la couronne.

FOURNITURES

. . .

ciseaux

. . .

12 fleurs d'hortensia séchées

. . .

fil de fer de 0,71 mm

. . .

fil de cuivre de 0,32 mm

. . .

couronne en osier d'environ 35 cm (14 po) de diamètre

Cette couronne souligne la splendeur des hortensias séchés, tout en offrant une délicatesse de tons qui convient à la décoration d'une chambre à coucher.

COUSSIN FLEURI EN FORME D'ÉTOILE

• • •

Cet arrangement floral produit beaucoup d'effet, avec ses couleurs vives et son contour aux lignes bien nettes. En outre, il dégage un frais parfum de lavande. Avec sa forme d'étoile et ses couleurs jaunes et bleues, il présente un aspect très contemporain qui peut convenir à un intérieur de style moderne.

FOURNITURES

...

2 morceaux de mousse synthétique pour fleurs séchées

...

moule à gâteau en forme d'étoile

...

ciseaux

...

50 brins de lavande séchée

...

100 roses jaunes séchées

C'est une décoration très facile à réaliser bien qu'elle nécessite, il est vrai, une grande quantité de fleurs.

1 Découpez la mousse synthétique exactement aux dimensions du moule (servez-vous-en de patron), de sorte qu'elle arrive à 2,5 cm (1 po) en dessous du bord.

2 Coupez les brins de lavande à environ 5 cm (2 po) de long et regroupez-les par bouquets de cinq, que vous plantez dans la mousse pour former une bordure d'environ 1 cm de large (1/2 po).

3 Coupez les tiges des roses à 5 cm (2 po) de long. Piquez-les dans la mousse, à partir des pointes des branches de l'étoile vers le centre, toutes les têtes à la même hauteur que la lavande.

GARNITURE DE PANIER AUX FRUITS ET AUX CHAMPIGNONS

• • •

Garnissez un vieux panier en osier d'une bordure de fleurs séchées et vous le métamorphoserez en une superbe corbeille de fruits. Cette décoration repose sur les riches textures et couleurs des tournesols, des oranges, des citrons, des pommes et des champignons.

1 Regroupez les tranches d'oranges par trois et montez-les sur double support avec du fil de fer. Procédez de même pour les tranches de citrons et de pommes. Coupez les tiges de tournesol à environ 2,5 cm (1 po) de long et montez-les chacune sur double support. Montez aussi les champignons sur double support. Habillez tous les fils de fer de Floratape.

2 Commencez, à un angle du panier, par attacher trois tranches d'oranges en enroulant le fil de cuivre autour de la tige et entre les brins d'osier. Attachez ainsi, avec le même fil, des tranches de pommes, un tournesol, des tranches de citrons, puis un champignon. Poursuivez ainsi sur tout le pourtour et arrêtez le fil en le tournant autour de la dernière tige et de l'osier.

FOURNITURES

. . .

ciseaux

. . .

45 tranches d'oranges séchées

. . .

fil de fer de 0,71 mm

. . .

45 tranches de citrons séchées

. . .

45 tranches de pommes traitées (séchées)

. . .

18 tournesols

. . .

16 petits morceaux de champignons séchés

. . .

Floratape

. . .

vieux panier en osier sans anse

. . .

fil de cuivre de 0,32 mm

La méthode qui prévaut pour élaborer cette garniture peut s'étendre à tout récipient en osier.

BOUQUET ORANGÉ

• • •

Les chaudes couleurs de l'automne prédominent ici, tant dans l'arrangement floral lui-même que dans le récipient. Le galbe agréable du pot en terre cuite a son importance, et la forme arrondie du bouquet reflète sa rondeur.

Les rouges et les orangés des chardons, des callistemons et des oranges contrastent avec le vert du safran bâtard et ses touffes orange. Les textures sont également très variées : fleurs duveteuses et épineuses, soyeux du feuillage et peau recroquevillée des fruits.

Seules les oranges sont montées sur fil de fer et cette décoration s'effectue assez rapidement.

FOURNITURES

. . .

3 morceaux de mousse synthétique pour fleurs séchées

. . .

pot en terre cuite de 30 cm (12 po) de haut

. . .

Floratape

. . .

ciseaux

. . .

10 tiges de capillaire traitées à la glycérine

. . .

fil de fer de 0,71 mm

. . .

9 oranges séchées incisées

. . .

10 tiges de safran bâtard séchées

. . .

10 chardons teintés en orange

. . .

10 callistemons séchés

Ce bouquet peut être regardé de tous les côtés.

1 Placez les morceaux de mousse synthétique dans le pot en les laissant dépasser du bord d'environ 4 cm (1 ¼ po). Maintenez-les avec du Floratape.

2 Formez un contour arrondi avec les tiges de capillaire qui mesurent environ 25 cm (10 po) de long. Piquez un fil de fer en travers des oranges.

3 Repliez les deux extrémités du fil de fer à la verticale et tortillez-les pour en faire une tige, puis piquez les oranges dans la mousse.

4 Coupez les tiges de safran à environ 25 cm (10 po) de long et répartissez-les de manière à renforcer la forme arrondie du bouquet.

5 Coupez les tiges des chardons à environ 25 cm (10 po) et répartissez-les dans le bouquet dont ils sont les points d'attraction.

6 Coupez les tiges de callistemon à 25 cm (10 po) de long et répartissez-les pour compléter le bouquet.

PETITS BOUQUETS SÉCHÉS

Ces petits bouquets se composent de fleurs séchées arrangées en spirale et rehaussées de lavande. Agrémentés d'un ruban de velours ou d'une ganse brodée, ils ont un petit air « rétro » qui plaira beaucoup, comme cadeau ou au bras d'une mariée.

FOURNITURES

BOUQUET A
ciseaux

20 roses rouges séchées

botte de nigelles d'Espagne séchées

botte de lavande séchée

ficelle

ruban

BOUQUET B
ciseaux

20 roses roses séchées

1/2 botte de nigelles

1/2 botte de lavande séchée

1/2 botte de phalaris

ficelle

ruban

Ces petits bouquets, très faciles à réaliser, sont raffinés. Pour que le résultat soit satisfaisant, il faut employer de nombreux éléments.

1 Pour le bouquet A, à droite de la grande photographie, coupez toutes les tiges à environ 18 cm (7 po) de long. Répartissez les éléments en tas séparés pour plus de commodité. Commencez par prendre une rose et ajoutez les autres fleurs une par une.

2 Ajoutez successivement la nigelle, la lavande et une rose. Puis, continuez selon ce même ordre en tournant le bouquet pour lui donner une forme spiralée. Tenez la gerbe environ aux deux tiers de la hauteur en partant du sommet.

3 Quand toutes les fleurs sont incorporées dans le bouquet, nouez-le avec la ficelle au niveau du croisement des tiges dont vous égalisez les extrémités. Faites un beau nœud avec le ruban au niveau de l'attache. (Procédez de même pour le bouquet B.)

CORBEILLE DES QUATRE-SAISONS

• • •

Cet arrangement très dense, de style contemporain, est divisé en quatre sections qui évoquent chacune, par les couleurs et les matériaux choisis, une saison. Il est important que les éléments soient bien serrés pour créer le maximum d'effet.

FOURNITURES

couteau

2 morceaux de mousse synthétique pour fleurs séchées

corbeille ronde et peu profonde

Floratape

ciseaux

60 tiges de phalaris naturel séchées

17 immortelles crème

40 roses rose foncé séchées

160 brins de lavande séchée

25 tiges de safran bâtard

5 tiges de capillaire traités (séchés) marron

10 bâtons de cannelle

fil de fer de 0,71 mm

5 oranges séchées incisées

Cet arrangement est un bon exercice pour apprendre à bien serrer les fleurs sèches les unes contre les autres.

1 Découpez la mousse synthétique aux dimensions de la corbeille. Divisez le dessus en quatre en collant le Floratape en croix. Coupez les tiges de phalaris et d'immortelles à une longueur de 6 cm (2 ½ po). Regroupez les phalaris par cinq. Répartissez-les régulièrement dans un premier quart de la corbeille, puis ajoutez les immortelles, en mettant toutes les têtes au même niveau.

Coupez les tiges des roses à 6 cm (2 ½ po) de long, et les brins de lavande à une longueur totale de 7 cm (2 ¾ po). Regroupez les brins de lavande par cinq, et répartissez-les dans un deuxième quart. Piquez les roses au milieu de la lavande.

Coupez les tiges de safran à 6 cm (2 ½ po) de long. Détachez de la tige principale des touffes de capillaire que vous coupez à 7 cm (2 ¾ po) de long. Plantez les tiges de safran dans le troisième

quart de la corbeille. Répartissez le capillaire régulièrement parmi le safran, en les serrant bien les uns contre les autres.

Coupez les bâtons de cannelle à 6 cm (2 ½ po) de long. Montez les oranges sur support simple et coupez les tiges métalliques à 4 cm (1 ½ po) de long. Répartissez les oranges dans le dernier quart libre. Plantez les bâtons de cannelle bien serrés dans la mousse, entre les oranges.

CORBEILLE ROSE

• • •

Les teintes naturelles des roses, des immortelles et des amarantes, qui ont résisté au processus de dessiccation, contribuent ici à l'éclatante vigueur de cette composition d'une grande richesse de textures.

FOURNITURES

. . .

couteau

. . .

morceau de mousse synthétique pour fleurs séchées

. . .

panier ovale d'environ 20 cm (8 po) de long

. . .

Floratape

. . .

ciseaux

. . .

20 amarantes (dressées) rouges séchées

. . .

20 roses rouges séchées

. . .

20 immortelles rose foncé

1 Découpez le morceau de mousse aux dimensions du panier et fixez-le avec du Floratape.

2 Coupez les tiges des amarantes à 14 cm (5 3/4 po) de long et piquez-les dans la mousse pour créer la forme générale du bouquet.

3 Coupez les tiges des roses à 12 cm (4 3/4 po) de long et répartissez-les régulièrement parmi les amarantes.

4 Coupez les tiges de dix immortelles à environ 12 cm (4 ³/₄ po) de long, et répartissez-les dans la corbeille. Coupez les tiges des dix autres immortelles à environ 10 cm (4 po) de long et répartissez-les aussi de sorte que, plus enfoncées, elles donnent de la profondeur à l'arrangement.

Les éléments qui composent cette corbeille présentent de riches contrastes de textures : immortelles et roses soyeuses, épis veloutés des amarantes.

COURONNE D'ORANGES ET DE CANNELLE

• • •

Par ses tons chauds, ses arômes puissants et ses connotations culinaires, cette couronne convient parfaitement à la décoration d'une cuisine.

Cet arrangement n'est pas difficile à réaliser. Il faut que les bâtonnets soient plantés très serrés pour obtenir le résultat visuel souhaité, et prendre soin de ne pas endommager la mousse synthétique. Pour éviter ce risque, collez la couronne sur un morceau de carton découpé suivant le même contour avant d'en commencer l'élaboration.

FOURNITURES

. . .

pistolet à colle et recharges de colle

. . .

5 oranges séchées

. . .

couronne de mousse synthétique pour fleurs séchées de 13 cm (5 ³/₄ po) de diamètre

. . .

20 bâtons de cannelle

Cette belle couronne est un présent idéal à offrir à l'occasion d'une pendaison de crémaillère, ou à une personne qui aime cuisiner.

1 Déposez un peu de colle à la base des oranges et collez-les sur la couronne, à intervalles réguliers. Cassez les bâtons de cannelle en morceaux de 2 à 4 cm (³/₄ - 1 ¹/₂ po).

2 Déposez un peu de colle à l'extrémité des bâtons de cannelle et piquez-les dans la mousse, bien serrés, entre les oranges.

3 Collez une rangée de bâtons de cannelle sur le pourtour extérieur et à l'intérieur de la couronne pour recouvrir entièrement la mousse.

ORANGE PIQUÉE DE CLOUS DE GIROFLE

• • •

Cette boule classique est, dans un premier temps, fraîche. Puis, à mesure que les jours passent, elle devient une décoration à l'ancienne qui dégage une bonne odeur, évoquant le vin chaud épicé et la saison des fêtes.

Confectionnez plusieurs boules avec des rubans différents, et disposez-les dans un saladier ou bien suspendez-les dans la maison. Elles feront aussi de jolies décorations de Noël.

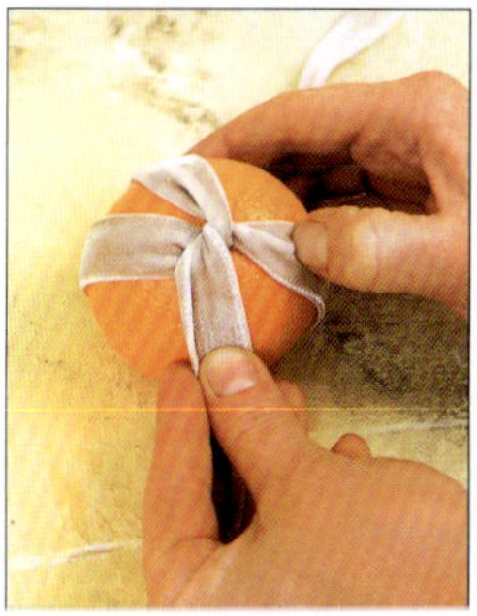

1 Nouez un ruban autour d'une orange en le croisant sur lui-même, à la base du fruit.

2 Faites un nœud sur le dessus. Corrigez si nécessaire la position des morceaux de ruban pour qu'ils divisent bien l'orange en quatre.

3 En commençant par les bords de la portion à couvrir, piquez les clous de girofle dans l'orange et poursuivez l'opération jusqu'à couvrir entièrement les quatre portions d'écorce.

FOURNITURES

...

ciseaux

...

3 morceaux de rubans différents

...

3 petites oranges bien fermes

...

clous de girofle

Les boules parfumées sont faciles à réaliser et agréables à offrir. N'oubliez pas de resserrer le nœud à mesure que l'orange sèche et se rétrécit.

URNE CLASSIQUE

• • •

C'est ici le vase, une urne en fonte peu profonde teintée de rouille, qui a inspiré la composition du bouquet. Sa forme classique, jouant un rôle primordial, s'accorde avec un arrangement de fleurs séchées d'une élégance traditionnelle.

Dominée par les blancs et les jaunes, la gamme colorée repose sur l'association de roses, de monnaies-du-pape, de ti tree, d'eucalyptus, de lin et de phalaris.

FOURNITURES

. . .

couteau

. . .

2 morceaux de mousse synthétique pour fleurs séchées

. . .

urne en fonte

. . .

Floratape

. . .

10 branches d'eucalyptus traitées

. . .

10 tiges de monnaie-du-pape décolorées

. . .

2 bottes de lin

. . .

2 bottes de phalaris naturel

. . .

20 roses blanches séchées

. . .

botte de ti tree naturel

1 Découpez les morceaux de mousse synthétique aux dimensions de l'urne et fixez-les avec du Floratape.

2 Coupez les branches d'eucalyptus à 15 cm (6 po) de long et piquez-les dans la mousse de sorte qu'elles établissent les contours arrondis du bouquet.

3 Coupez les tiges de monnaie-du-pape à environ 20 cm (8 po) de long et répartissez-les au milieu du feuillage, les tiges les plus hautes placées au centre.

4 Divisez le lin en dix-huit petites bottes, coupées à 15 cm (6 po) de long, et piquez-les dans la mousse parmi les autres éléments.

5 Coupez les tiges de phalaris et de roses à environ 15 cm (6 po) de long et répartissez-les régulièrement dans tout le bouquet.

6 Coupez les tiges de *ti tree* à environ 15 cm (6 po) de long et répartissez-les aussi parmi les autres éléments.

La luminosité de ce bouquet aux teintes délicates égaiera superbement le coin sombre d'une pièce.

GERBE AU NŒUD ROUGE

• • •

Fournitures

...

50 brins de lavande

...

10 protées en boutons

...

10 branches de ti tree naturel

...

15 roses rouges

...

ficelle

...

ciseaux

...

ruban de satin de 5 cm (2 po) de large

L'élaboration de cette gerbe requiert la maîtrise de l'arrangement en spirale, mais le fait qu'elle soit assez petite simplifie l'opération.

Une belle gerbe arrangée en spirale et rehaussée d'un superbe nœud rouge constitue une décoration murale splendide et très originale. Par ses tonalités exotiques, cette décoration s'intègre parfaitement dans un intérieur aux couleurs et aux formes de mobilier assez riches.

1 Étalez les différents éléments devant vous pour plus de commodité. Divisez la lavande en dix petites bottes. Prenez la plus grande protée, placez derrière elle une branche de ti tree légèrement plus haute et ajoutez une rose un peu plus courte de chaque côté. Ajoutez progressivement les éléments un par un, en spirale.

2 Quand toutes les fleurs sont réunies en bouquet, liez la gerbe avec de la ficelle. Égalisez les tiges de sorte qu'elles dépassent du point d'attache, d'environ un tiers de la hauteur totale.

3 Faites avec le ruban un beau nœud que vous fixez à la gerbe au niveau de l'attache.

BOULE FLEURIE DE ROSES ET DE CLOUS DE GIROFLE

• • •

Cette boule de roses romantique à l'extrême dissimule un secret : des clous de girofle cachés entre les pétales lui assurent un parfum puissant et prolongé.
Visuellement, son efficacité repose sur la compacité de la juxtaposition de fleurs très nombreuses, toutes de même variété et de même couleur.

1 Pliez le ruban en deux et montez les deux extrémités ensemble sur double support. Pour en faire une attache, piquez les tiges métalliques dans la boule de mousse de sorte qu'elles la traversent de part en part. Tirez un peu sur ces tiges de l'autre côté pour que l'attache du ruban s'insère bien dans la boule et repliez-les pour les repiquer dans la boule.

2 Coupez les tiges des roses à 2,5 cm environ (1 po) de long. Commencez à former en haut une rangée de roses bien serrées autour de l'attache du ruban.
À mesure que vous travaillez, piquez des clous de girofle dans la mousse entre les fleurs. Continuez de former des cercles concentriques de roses et de clous de girofle jusqu'à couvrir entièrement la boule.

FOURNITURES

. . .

40 cm (16 po) de ruban de 2,5 cm (1 po) de large

. . .

fil de fer de 0,71 mm

. . .

boule de mousse synthétique pour fleurs séchées de 10 cm environ (4 po) de diamètre

. . .

ciseaux

. . .

100 roses séchées

. . .

200 clous de girofle

Cette boule fleurie est rapide à réaliser et fera un cadeau superbe et très apprécié.

CROISSANT DE LUNE

...

FOURNITURES

...

ciseaux

...

35 Craspedia globosa

...

fil d'argent de 0,38 mm

...

botte de lin séché

...

Floratape

...

fil de fer de 0,71 mm

Cette décoration d'un style nouveau s'intégrera bien dans une chambre d'enfants. Le jaune doré des *Craspedia globosa* et l'or pâle du lin lui donnent beaucoup de luminosité, ce que les enfants apprécieront.

Elle se construit comme une couronne, mais sur une armature en forme de croissant de lune.

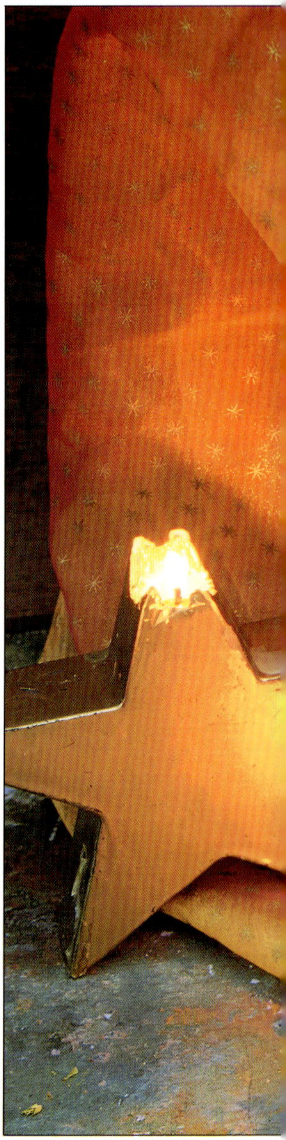

1 Coupez les tiges des *Craspedia globosa* à environ 2 cm (3/4 po) de long et montez-les sur support double avec le fil d'argent. Divisez les tiges de lin en toutes petites bottes, chacune d'environ 4 cm (1 3/4 po) de long, et montez-les sur support double avec le même fil. Habillez de Floratape toutes les tiges métalliques. Confectionnez une armature d'environ 60 cm (24 po) de long avec le fil de fer de 0,71 mm.

2 Habillez l'armature avec du Floratape, et donnez-lui la forme d'un croissant de lune, avec des pointes bien nettes et une courbure régulière.

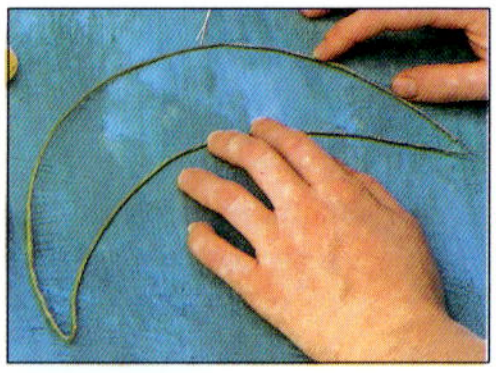

3 À l'une des extrémités libres, attachez une botte de lin avec du Floratape, suivie d'une petite boule de *Craspedia globosa* qui la chevauche légèrement. Utilisez les petites *Craspedia* du côté des pointes et les plus grosses au milieu. À mesure que vous approchez du centre, mettez davantage d'éléments pour épaissir la ligne, puis rétrécissez-la de nouveau vers la pointe.

4 Quand l'arc extérieur du croissant est garni, recommencez la même opération pour la courbe intérieure en partant de la pliure vers l'extrémité libre. Puis joignez les deux extrémités au Floratape, coupez le surplus de fil de fer, et dissimulez la jointure derrière les tiges.

Obtenir une belle courbure de la forme effilée aux deux extrémités requiert un peu de soin et d'habileté et, comme toutes les décorations avec montage des éléments sur fil de fer, du temps et de la patience.

TROISIÈME PARTIE

BOUQUETS POUR DES OCCASIONS SPÉCIALES

Du bouquet de roses rouges pour la Saint-Valentin à la couronne de Noël et aux fleurs d'anniversaires ou de fêtes, le calendrier offre toute l'année de merveilleuses occasions de composer une gerbe ou une corbeille. Ce chapitre est donc consacré à différents arrangements, destinés plus spécialement à un mariage, un baptême, et à toutes ces fêtes qui sont l'occasion de faire plaisir et d'embellir sa maison.

INTRODUCTION

• • •

À droite : Gerbe orangée (page 196).

Traditionnellement, les fleurs sont associées aux occasions spéciales – que seraient un mariage, un baptême, une naissance, sans les fleurs qui les accompagnent ? Que ce soit pour la Saint-Valentin ou pour Noël, le calendrier offre toute l'année l'occasion de composer des arrangements floraux, et d'exprimer ainsi sa sensibilité artistique.

Généralement, on offre des fleurs sous forme de bouquet. Or celui-ci peut être composé avec art et, à cet égard, la présentation est très importante. La Cellophane ou le papier de soie enveloppant le moindre petit bouquet suffisent à lui donner un raffinement particulier. Ne négligez aucun détail, notamment l'attache qui peut être faite de raphia ou d'un joli ruban.

Ci-dessus : Parure de robe en orchidées (page 218).

Ce sont cependant les grands événements, un mariage, par exemple, qui permettent au créateur d'arrangements floraux de déployer tout son talent. La beauté du résultat ne repose pas uniquement sur sa manière de disposer les fleurs, de les préparer et de les monter sur fil de fer, elle dépend d'un certain nombre de difficultés bien maîtrisées.

La première porte sur les dimensions que l'on souhaite donner à l'arrangement : il faut calculer le nombre de fleurs et de feuillages nécessaires. Il convient d'acheter suffisamment de matériel. Le deuxième impératif porte sur la notion de temps. Prévoyez le moment où vous devrez composer votre bouquet, en tenant compte de la longévité des fleurs utilisées. Certaines, comme les lis et les glaïeuls, mettent plusieurs jours à s'ouvrir. Il vous faudra aussi en évaluer le temps d'élaboration. Les grands arrangement floraux ne peuvent pas toujours être composés *in situ* : pensez donc aussi à leur transport. Il ne faut pas oublier non plus les types de récipients dont vous souhaitez disposer.

À droite : Frais bouquets de Pâques (page 187).

Le Symbolisme des Fleurs et des Plantes

Amandier (fleur d')	*Douceur, espoir*
Amarante	*Immortalité*
Amaryllis	*Orgueil, superbe beauté*
Anémone	*Espoirs déçus, abandon*
Angélique	*Inspiration*
Armoise ou absinthe	*Plaisanterie*
Aubépine (fleur d')	*Espoir*
Basilique	*Bons vœux*
Bouton-d'or	*Enfance*
Bouton de rose	*Pureté et charme*
Camélia	*Excellence*
Campanule (blanche)	*Gratitude*
Capucine	*Patriotisme*
Chêne	*Indulgence, éternité*
Chèvrefeuille	*Dévotion*
Chrysanthème rouge	*« Je vous aime »*
Ciboulette	*Compétence*
Citronnelle	*Sympathie*
Clématite	*Beauté intérieure, pureté*
Coriandre	*Qualités cachées*
Cumin	*Fidélité*
Estragon	*Intérêt durable*
Fenouil	*Flatterie*
Feuillage persistant	*Vie éternelle*
Gardénia	*Féminité*

Genêt	*Humilité*
Giroflée	*Beauté durable*
Giroflée jaune	*Fidélité dans l'adversité*
Glaïeul	*Incarnation*
Gui	*Amour*

Hibiscus	*Beauté délicate*
Houx	*Espoir, divinité*
Hysope	*Propreté*
Immortelle	*Souvenir éternel*
Jacinthe	*Charme, constance*
Jacinthe sauvage	*Constance*
Jasmin (blanc)	*Amabilité*
Jasmin (jaune)	*Élégance, bonheur*
Jonquille	*« Je désire un retour d'affection »*
Laurier-cerise	*Triomphe, éternité*
Laurier-sauce	*Gloire*
Lavande	*Dévotion, vertu*
Lierre	*Fidélité éternelle*
Lilas (blanc)	*Innocence juvénile*
Lilas (violet)	*Premières émotions*
Lis (blanc)	*Pureté*
Lis (jaune)	*Fausseté, gaieté*
Lunaire	*Richesse*
Magnolia	*Douleur, orgueil*
Marguerite, aster d'automne	*Adieu*
Marjolaine	*Modestie*
Menthe	*Éternelle fraîcheur*
Mimosa	*Amour secret*
Muguet	*Retour du bonheur*
Myosotis	*Fidélité, amour véritable*
Narcisse	*Espérances trompeuses*
Œillet	*Amour divin*
Œillet d'Inde	*Premier amour*
Œillet de poète	*Galanterie*
Œillet mignardise	*Amour*
Olivier (branche d')	*Paix*
Oranger (fleur d')	*Pureté*
Origan	*Solidité*
Oseille	*Affection*
Pâquerette	*Innocence*
Pavot (rouge)	*Consolation*
Pêcher (fleur de)	*Longévité*
Pensées	*Amour, « Je pense à toi »*
Pensée tricolore	*Souvenir*
Perce-neige	*Espoir, consolation*
Persil	*Réjouissance*
Pervenche (blanche)	*Plaisirs du souvenir*
Pervenche (bleue)	*Amitié nouvelle*
Pivoine	*Timidité*
Poinsettia	*Fertilité, éternité*
Pommier (fleur de)	*Préférence*
Romarin	*Souvenir*

Rose (jaune)	*Jalousie*
Rose (rouge)	*Amour*
Rue	*Grâce, clarté de vision*
Sauge	*Sagesse, immortalité*
Sauge ornementale (rouge)	*« Je pense à toi »*
Souci	*Joie*
Tanaisie	*Pensées hostiles*
Thym	*Courage, force*
Tournesol	*Arrogance, fausses richesses*
Tulipe (jaune)	*Amour sans espoir*
Tulipe (rouge)	*Déclaration d'amour*
Violette	*Humilité*
Zinnia	*« Je pense aux amis absents »*

FLEURS FRAÎCHES POUR LA SAINT-VALENTIN

La Saint-Valentin est, à juste titre, l'époque des roses rouges. Ces arrangements, véritables petits bijoux, font preuve de beaucoup d'originalité. Visuellement, le rouge profond des roses contraste, dans un des pots, avec le jaune acide des chrysanthèmes « Santini » et, dans l'autre, avec le violet des phlox.

FOURNITURES

1/2 bloc de mousse synthétique

2 petits pots en terre cuite, l'un plus grand que l'autre

Cellophane (ou feuille de plastique)

couteau

ciseaux

fougères de Boston

feuilles de lierre

5 chrysanthèmes branchus « Santini »

6 phlox violets

18 roses rouge foncé

Très rapides et faciles à réaliser, ces sobres décorations ont un charme irrésistible.

1 Trempez la mousse synthétique dans l'eau. Tapissez l'intérieur des pots de Cellophane. Découpez la mousse en deux petits morceaux que vous calez dans les pots. Égalisez les bords de la Cellophane en laissant un peu de marge tout autour.

2 Créez l'armature du bouquet au sommet arrondi selon les dimensions du pot avec, pour le plus grand, les fougères et, pour le plus petit, les feuilles de lierre.

3 Placez les chrysanthèmes dans le grand pot et répartissez les phlox dans le petit pot, de façon à souligner la forme arrondie des deux bouquets.

4 Retirez les feuilles des roses, recoupez les tiges à la longueur voulue, et répartissez-les dans l'un et l'autre pot.

ANNEAU DE ROSES POUR LA SAINT-VALENTIN

• • •

Cette magnifique décoration peut être réalisée à n'importe quelle époque de l'année, mais quelle meilleure occasion que la Saint-Valentin pour apprécier tout le charme de ces roses rouges massées en couronne ? Elle peut se suspendre au mur, ou orner la table d'un dîner entre amoureux, avec une bougie au centre.

FOURNITURES

. . .

couronne de mousse synthétique de 15 cm (6 po) de diamètre

. . .

feuilles de lierre vert foncé

. . .

fil de fer de 0,71 mm

. . .

mousse végétale

. . .

ciseaux

. . .

20 roses rouge foncé

Si l'on vous offre des roses rouges pour la Saint-Valentin, voici le moyen d'en faire bon usage. Quand les boutons se seront pleinement ouverts, coupez les tiges et composez cette couronne qui prolongera leur existence.

1 Trempez la couronne dans l'eau. Plantez les feuilles de lierre – de taille moyenne – tout autour, de sorte qu'elles forment une bordure de feuillage.

2 Pliez les fils de fer en épingles à cheveux pour maintenir quelques morceaux de mousse végétale entre les feuilles de lierre, mais de façon moins dense que le feuillage.

3 Coupez les tiges des roses à environ 3,5 cm (1 ½ po) de long et plantez-les dans la couronne, de manière à la recouvrir régulièrement. On doit bien voir les feuilles de lierre entre les roses.

CŒUR DE FLEURS SÉCHÉES POUR LA SAINT-VALENTIN

• • •

Cet arrangement, dans une boîte en forme de cœur, montre combien les fleurs séchées et les graines sont décoratives lorsqu'elles sont regroupées. Garnie de roses romantiques et de lavande parfumée, cette boîte est un très beau cadeau pour la Saint-Valentin. Mais il peut se réaliser à n'importe quelle époque de l'année et dans des boîtes de formes très variées.

FOURNITURES

. . .

morceau de mousse synthétique pour fleurs séchées

. . .

couteau

. . .

boîte en forme de cœur

. . .

ciseaux

. . .

botte de roses rouges séchées

. . .

2 bottes de lavande séchée

. . .

2 bottes de graines de pavot séchées

. . .

botte de nigelles d'Espagne

Cet arrangement est très facile à réaliser mais, pour obtenir le plus bel effet, il ne faut pas lésiner sur la quantité de matériaux. Les têtes des fleurs doivent être très serrées les unes contre les autres pour masquer entièrement la mousse synthétique.

1 Posez le bloc de mousse synthétique debout et coupez-le en deux, dans le sens de la hauteur. Puis, en vous servant de la boîte comme d'un patron, découpez chaque morceau de manière à ce qu'il remplisse une moitié de la boîte.
Et encastrez-les soigneusement.

2 Divisez le cœur en quatre, en délimitant chaque partie avec une rangée de chacun des végétaux.
Remplissez un quart avec les roses, un avec la lavande, un avec les graines de pavot et le dernier avec les nigelles. Les têtes des fleurs doivent être toutes au même niveau.

COURONNE DE LA SAINT-VALENTIN

• • •

Plutôt que la traditionnelle douzaine de roses rouges, pourquoi ne pas offrir à l'amour de votre vie une décoration murale pour la Saint-Valentin ?

Placez un cœur au milieu d'un cercle de fleurs séchées – des roses pour exprimer la passion, des monnaies-du-pape pour affirmer la sincérité de vos sentiments et de la lavande pour traduire toute la douceur de votre affection.

1 Coupez les tiges des roses à environ 2,5 cm (1 po) de long et montez-les chacune sur double support de fil d'argent, que vous recouvrez de Floratape. Groupez ensuite les roses par trois au Floratape, jusqu'à obtenir onze petites bottes.

Réunissez par cinq les brins de lavande et procédez de la même manière que pour les roses.

Détachez des brins de monnaie-du-pape, groupez-les par trois et procédez de la même manière que pour les roses.

Fabriquez une armature avec du fil de fer.

2 Positionnez un bouquet de monnaie-du-pape à une extrémité de l'armature et fixez-le avec le Floratape. Puis ajoutez, en les faisant légèrement se chevaucher, un bouquet de lavande et un de roses, que vous fixez avec le Floratape. Poursuivez ainsi tout en courbant l'armature en cercle.

3 Quand le cercle est entièrement garni, coupez le fil de fer superflu, n'en laissant que 3 cm (1 ¼ po) de surplus à nu, que vous glissez sous l'autre extrémité et fixez entre les fleurs avec le Floratape. Attachez la cordelette du cœur à l'armature, de sorte que le cœur pende au milieu.

FOURNITURES

. . .

ciseaux

. . .

33 roses rouges séchées

. . .

fil d'argent de 0,38 mm

. . .

Floratape

. . .

55 brins de lavande séchée

. . .

10 monnaies-du-pape séchées

. . .

fil de fer de 0,71 mm

. . .

petit cœur en bois, muni d'une cordelette

La réalisation de ce cadeau vous prendra un peu plus de temps que d'aller chez le fleuriste acheter un bouquet tout préparé, mais cet effort sera le témoin de la force de vos sentiments.

FLEURS POUR FÊTES D'ENFANTS

• • •

On peut penser que prévoir des fleurs coupées pour une fête d'enfants est un détail inutile, mais si elles sont présentées d'une façon amusante, pourquoi pas ?

Avec leur forme simple et leurs couleurs vives, les gerberas ressemblent aux fleurs que les enfants dessinent. Elles sont ici disposées très simplement, dans des récipients colorés.

FOURNITURES

. . .

morceau de mousse synthétique

. . .

couteau

. . .

3 tasses en métal émaillé

. . .

ciseaux

. . .

24 « mini-gerberas » roses et jaunes

Avec ses teintes de bonbons, cette décoration peut se poser sur la table d'un goûter parmi des sucreries et des boissons multicolores.

1 Trempez la mousse synthétique dans l'eau. Découpez au couteau trois morceaux de mousse, que vous calez bien dans les tasses pour qu'ils les remplissent aux trois quarts.

2 Coupez les tiges des gerberas de sorte qu'elles dépassent du bord du pot d'environ 5 cm (2 po). Piquez-les bien droites dans la mousse, certaines un peu plus que d'autres pour créer de légères variations de hauteur.

FRAIS BOUQUETS DE PÂQUES

• • •

La beauté de cet arrangement, sans aucun artifice décoratif, repose entièrement sur l'élégance des fleurs elles-mêmes. Pour en rehausser l'éclat, elles sont massées en bouquets par variété.

Ce sont des fleurs de printemps, donc associées à l'idée de renaissance, qui conviennent parfaitement pour les fêtes de Pâques.

1 Mesurez les tiges de muscari avec la hauteur de la tasse pour les couper de sorte que seules les têtes dépassent du bord. Procédez de même pour les tulipes, pour que leurs têtes dépassent du bord du petit pichet, et pour les crocus avec le grand pichet.

2 Coupez les tiges de narcisse de sorte que la hauteur totale des fleurs soit le double de celle du pot de confiture. Répartissez les deux couleurs dans l'un et l'autre pot. Dans cet arrangement, la hauteur des fleurs varie suivant les dimensions des récipients.

FOURNITURES

. . .

50 muscaris

. . .

tasse à thé

. . .

ciseaux

. . .

4 tulipes rose pâle « Angélique »

. . .

2 pichets, l'un plus grand que l'autre

. . .

15 crocus mauves

. . .

30 narcisses crème et blancs

. . .

2 pots de confiture

Ces bouquets peuvent être regroupés ou bien dispersés dans toute la maison. Ils sont très faciles à composer. N'oubliez pas que la sobriété est souvent le summum de l'élégance !

COURONNE PASCALE

• • •

FOURNITURES

. . .

couronne de mousse synthétique de 30 cm (12 po) de diamètre

. . .

ciseaux

. . .

feuillage de chalef

. . .

5 pieds de primevère

. . .

fil de fer de 0,71 mm

. . .

8 morceaux d'écorce

. . .

3 œufs

. . .

2 cuillères en métal émaillé

. . .

70 narcisses

. . .

raphia

Cette couronne égaiera et éclairera l'endroit où elle se trouvera, quel qu'il soit.

Pâques célèbre le renouveau de la nature, c'est une période d'espoir que cette lumineuse couronne exprime parfaitement. Les fleurs choisies, des narcisses et des primevères, annoncent le printemps. Elles sont accompagnées d'œufs, symboles de vie.

La vivacité des couleurs donne à la couronne une apparence de fraîcheur très naturelle, à laquelle les cuillères émaillées ajoutent une note d'humour.

1 Trempez la mousse dans l'eau et recouvrez-la de chalef, en coupant les tiges à 7,5 cm (3 po). En cinq points équidistants, placez une touffe de feuilles de primevères.

2 Passez un fil de fer autour de chaque morceau d'écorce, que vous tortillez en dessous. Placez ces morceaux d'écorce à égale distance autour de la couronne, en piquant l'extrémité des fils de fer dans la mousse.

3 Regroupez les primevères par couleur en quatre bouquets, et piquez leur tige dans la couronne. Laissez un espace libre pour les œufs et les cuillères. Coupez les tiges des narcisses à environ 7,5 cm (3 po) de long, et répartissez-les par groupes de quinze entre les bouquets de primevères.

4 Enroulez un fil de fer autour de chaque cuillère. Dans l'espace laissé libre, attachez-en une en rabattant l'extrémité du fil de fer derrière la couronne, puis l'autre en croix sur la première. Nouez un morceau de raphia en croix autour des œufs, et enroulez un fil de fer autour que vous tortillez délicatement pour le planter dans la mousse. Disposez le reste des fleurs autour des œufs et des cuillères.

CORBEILLE DE MARIAGE ROUGE RUBIS

• • •

Traditionnelle dans son élégante sobriété, cette corbeille unit de somptueuses tulipes pourpres et des roses rouges veloutées au brillant vert foncé des feuilles de camélia. Un nœud de papier vert complète cet arrangement raffiné.

FOURNITURES

. . .

jatte en grès

. . .

ciseaux

. . .

10 camélias à tige courte

. . .

20 roses rouges

. . .

10 tulipes pourpres

. . .

ruban de papier

Rehaussé d'un beau nœud, cet arrangement floral, aux somptueuses couleurs de la passion, peut aussi constituer un superbe cadeau.

1 Remplissez la jatte aux trois quarts d'eau. Coupez les tiges des camélias et des roses à 7,5 cm (3 po) de plus que la hauteur du récipient. Disposez-les de sorte qu'elles forment un sommet arrondi assez bas, et répartissez parmi elles la moitié des roses.

2 Coupez les tiges des tulipes approximativement à 7,5 cm (3 po) de plus que la hauteur de la jatte, retirez les feuilles basses et répartissez-les parmi les autres fleurs. Ajoutez les roses qui restent pour compléter cette masse de tons rouges.

3 Faites un beau nœud avec le ruban de papier. Attachez-le autour de la jatte de manière à ce qu'il apparaisse sur le devant. Il est important que ses proportions s'accordent avec la taille du bouquet.

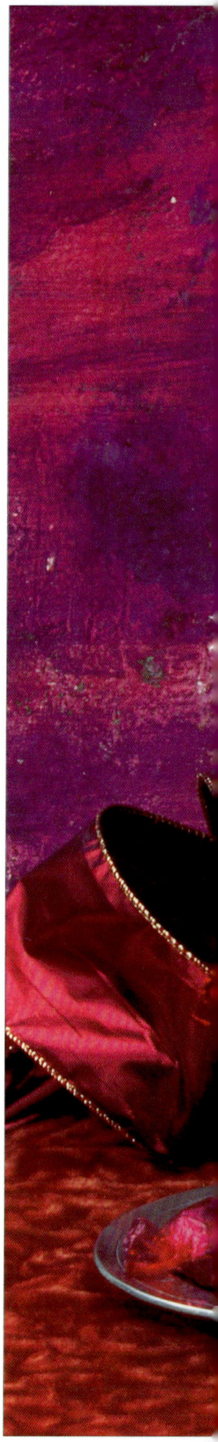

BOUQUET POUR UNE NAISSANCE

• • •

Pour fêter la naissance d'un enfant, offrir à ses parents ce bel arrangement floral, dans un récipient pratique et original, est une excellente idée. L'association de tulipes doubles, de renoncules, de phlox et de roses branchues, rehaussée de petites feuilles de pittosporum, est d'une délicatesse parfaitement adaptée à un bébé.

FOURNITURES

. . .

morceau de mousse synthétique

. . .

couteau

. . .

petit seau en métal galvanisé

. . .

botte de pittosporum

. . .

15 tulipes rose pâle « Angélique »

. . .

5 tiges de roses branchues

. . .

10 phlox blancs

. . .

10 renoncules blanches

. . .

botte de lavande séchée

. . .

ruban à petits carreaux violet et blanc

La gamme colorée, très douce, convient à un garçon comme à une fille, tout comme les délicats parfums des phlox et de la lavande séchée. Ce bouquet possède son propre récipient, ce qui évite d'avoir à chercher un vase à la clinique. De plus, le seau pourra être réutilisé lorsque les fleurs seront fanées.

1 Trempez la mousse synthétique dans l'eau et découpez-la aux dimensions du seau dans lequel vous la calez bien. Coupez les tiges de pittosporum à 12 cm de long (4 ³/₄ po). Retirez les feuilles du bas et disposez-les de façon à former l'armature d'un bouquet au sommet arrondi.

2 Coupez les tiges des tulipes à 10 cm (4 po) de long et répartissez-les au milieu du feuillage. Séparez les tiges secondaires des roses, coupez toutes les tiges à 10 cm (4 po) de long et répartissez-les régulièrement, les fleurs très épanouies au milieu, les boutons en bordure.

3 Coupez les tiges des phlox et des renoncules à une longueur de 10 cm (4 po), et répartissez-les dans le bouquet. Coupez les brins de lavande à 12 cm (4 ³/₄ po) de long et répartissez-les par groupes de trois brins. Entourez le seau d'un ruban que vous nouez sur le devant.

PANIER FLEURI POUR UN NOUVEAU-NÉ

• • •

Ces pots de fleurs réunis dans un panier sont un charmant cadeau à faire à l'occasion de la naissance d'un enfant. Il est facile à réaliser, rapide à préparer, et durera plus longtemps que des fleurs coupées.

FOURNITURES

. . .

panier en fil de fer

. . .

2 poignées de lichen

. . .

Cellophane (ou feuille de plastique)

. . .

ciseaux

. . .

3 pots de cyclamens blancs

. . .

3 pots de muguet

. . .

ruban

La combinaison de deux fleurs blanches, très délicates, confère à cet arrangement une touchante fragilité qui évoque à merveille la fraîcheur d'un nouveau-né.

1 Tapissez le panier en fil de fer d'une généreuse poignée de lichen que vous recouvrez de Cellophane, dont vous égalisez les bords autour du panier.

2 Sortez délicatement les plantes de leurs pots. Écartez un peu la terre autour des racines avant de les installer dans le panier, en alternant les cyclamens et le muguet.

3 Assurez-vous que les plantes sont bien solidement calées dans le panier. Faites deux nœuds avec le ruban et placez-en un à chaque extrémité de l'anse.

PORTE-BONHEUR EN FLEURS SÉCHÉES

• • •

Quel joli cadeau, à la naissance d'un enfant, qu'un porte-bonheur fleuri ! Le blanc et le vert pâle de ce fer à cheval en font une superbe décoration pour une chambre d'enfant.

FOURNITURES

. . .

ciseaux

. . .

14 roses blanches séchées

. . .

60 phalaris séchées

. . .

42 monnaies-du-pape séchées et décolorées

. . .

fil d'argent de 0,38 mm

. . .

Floratape

. . .

fil de fer de 0,71 mm

. . .

ruban

1 Coupez les tiges des roses, des phalaris et des monnaies-du-pape à environ 2,5 cm (1 po) de long.
Montez sur double support de fil d'argent chacune des roses, les phalaris par groupe de cinq et les monnaies-du-pape par groupe de trois. Habillez les tiges de Floratape.

2 Confectionnez une armature d'environ 30 cm (12 po) de long avec le fil de fer.

3 Formez trois petits nœuds d'environ 4 cm (1½ po) de large avec le ruban et attachez-les au milieu avec un fil d'argent. Coupez 30 cm (12 po) de longueur de ruban et montez séparément chaque extrémité de ce ruban sur double support de fil de fer pour former une anse.

4 Recourbez l'armature en fer à cheval. Attachez solidement au Floratape une des tiges métalliques du ruban à l'une des extrémités du fer à cheval qu'elle va doubler. Fixez un nœud à la jointure des deux.

5 En partant de cette extrémité de l'arc, commencez à garnir l'armature de fleurs et de feuillage, fixés au Floratape, dans l'ordre suivant : phalaris, rose, monnaie-du-pape, jusqu'au milieu où vous fixez un nœud avec le Floratape. Puis attachez l'autre extrémité du ruban au fer à cheval et, partant de cette extrémité, recommencez à le garnir selon le même ordre.

La confection de ce fer à cheval vous demandera un peu de temps, mais la valeur sentimentale de votre geste restera dans les esprits.

GERBE ORANGÉE

• • •

Le chatoiement de ce bouquet est sans conteste de très bon augure pour un mariage. L'éclat des jaunes et des orangés des fleurs se retrouve sur le papier qui enveloppe le bouquet, sur le ruban, et jusque sur la fine poudre dorée qui scintille tout autour.

FOURNITURES

. . .

20 renoncules jaune orangé

. . .

20 brins de mimosa

. . .

ficelle dorée

. . .

ciseaux

. . .

2 feuilles de papier de soie doré en deux tons différents

. . .

morceau de tissu doré, d'environ 46 cm (18 po) de long sur 15 cm (6 po) de large

. . .

poudre dorée

Cette gerbe flamboyante est aussi facile à réaliser qu'un simple bouquet. On peut également ne pas l'envelopper et la placer directement dans un vase, sans autre ornement.

1 Étalez les tiges des renoncules et des mimosas pour plus de commodité. Retirez les feuilles du tiers inférieur des tiges. Prenez une tige de renoncule, puis ajoutez en alternant mimosas et renoncules, tout en tournant le bouquet pour le composer en spirale.

2 Quand vous avez intégré toutes les fleurs dans le bouquet, nouez la ficelle dorée au niveau du croisement des tiges. Égalisez les tiges à environ un tiers de la hauteur totale, en partant du bas.

3 Pour envelopper le bouquet, placez les feuilles de papier l'une sur l'autre et posez la gerbe dessus, en diagonale, puis rabattez vers l'avant les deux bords du papier et nouez-les avec la ficelle. Enroulez enfin le tissu autour du point d'attache et formez un beau nœud. Saupoudrez la gerbe d'un peu de poudre et entrouvrez les feuilles de papier en les rabattant sur les côtés.

FLEURS COUPÉES À OFFRIR

• • •

Cette gerbe élégante mérite d'être offerte pour une grande occasion. Fraîche et d'une belle sobriété, elle allie les tons crème et la matière soyeuse des arums et des tulipes, rehaussés par les textures rugueuses et les formes irrégulières des branches de mélèze couvertes de lichen. Enfin, le bouquet est élégamment enveloppé de Cellophane et lié avec un nœud de raphia.

FOURNITURES

. . .

10 tulipes crème

. . .

6 branches de mélèze couvertes de lichen

. . .

10 arums

. . .

raphia

. . .

ciseaux

. . .

Cellophane (ou feuille de plastique)

Construit en spirale, ce bouquet peut être directement placé dans un vase sans qu'il soit besoin de le recomposer.

1 Étalez les différentes fleurs pour plus de commodité. Retirez les feuilles du bas des tulipes et recoupez les branches de mélèze, de façon à ce qu'elles soient plus faciles à manipuler.

Prenez un arum et construisez votre bouquet en tournant, pour que les tiges se disposent en spirale.

2 Quand tous les éléments sont incorporés, liez fermement la gerbe avec du raphia, au point de croisement des tiges. Égalisez la longueur des tiges, en évitant de les couper trop court.

3 Découpez un grand carré de Cellophane et disposez la gerbe en diagonale. Rabattez les deux bords de la Cellophane sur le bouquet, liez-la bien au point d'attache et terminez par un nœud de raphia.

FAVEUR DE FLEURS FRAÎCHES

• • •

Voici un petit bouquet pour décorer un paquet. Il confère à un cadeau davantage de valeur. Les tons des gerberas et des lis « Mona Lisa », très vifs et francs, contrastent avec les délicates clochettes du muguet et la fine dentelle de lichen grise sur les branches de mélèze.

1 Sur la branche de lis, détachez une tige de 20 cm (7 ¾ po) de long comportant un bouton et une fleur ouverte. Coupez aussi une fleur ouverte à 8 cm (3 ¼ po) de long. Coupez la branche de mélèze en six tronçons de 25 cm (10 po) de long. Détachez trois brins de muguet, dotés chacun d'une feuille, que vous coupez à 15 cm (6 po) de long.
Coupez une tige de gerbera à 18 cm (7 po) de long, et une autre à 14 cm (5 ½ po) de long. Disposez à plat les tronçons de mélèze. Posez par-dessus la plus longue tige de lis au milieu et la fleur unique juste en dessous.
Disposez le muguet et les gerberas autour des deux lis ouverts. Liez les tiges avec du raphia au niveau de leur croisement.

2 Posez le bouquet en diagonale sur le paquet. Passez autour du paquet une longueur de raphia que vous rabattez sur le dessus pour la nouer autour des tiges. Masquez le raphia en nouant le ruban.

FOURNITURES

. . .

branche de lis « Mona Lisa »

. . .

branche de mélèze couverte de lichen

. . .

petit pot de muguet

. . .

2 gerberas roses

. . .

raphia

. . .

cadeau empaqueté

. . .

ruban

Cet ornement se compose d'un petit bouquet plat, relativement facile à réaliser. Il convient seulement de bien équilibrer entre eux les tons vifs et les tons plus délicats.

FAVEUR DE FLEURS SÉCHÉES

• • •

FOURNITURES

. . .

ciseaux

. . .

tournesol séché

. . .

fil de fer de 0,71 mm

. . .

grenade séchée

. . .

3 tranches de champignon séchées (de tailles différentes)

. . .

3 tranches d'orange séchées (de tailles différentes)

. . .

fil d'argent de 0,38 mm

. . .

Floratape

. . .

raphia

. . .

cadeau empaqueté

L'élaboration de cet arrangement requiert un peu de temps, mais ses couleurs chaudes et naturelles sont d'un tel charme qu'elles récompenseront généreusement votre patience.

Pour donner encore plus de valeur à votre cadeau, soignez-en la présentation en l'ornant de fleurs séchées.

1 Coupez la tige de tournesol à 2,5 cm (1 po) de long et montez-la sur double support de fil de fer. Montez la grenade sur support simple de fil de fer. Montez les tranches de champignon sur double support de fil de fer, et les tranches d'orange sur fil d'argent.

2 Habillez toutes les tiges métalliques de Floratape. Puis attachez les trois tranches d'orange d'un côté du tournesol et de la grenade, les trois tranches de champignon de l'autre. Liez le tout avec du fil d'argent.

3 Recoupez les tiges de fil de fer à 5 cm (2 po) de long et habillez-les de Floratape. Faites un nœud de raphia autour du paquet. Glissez les tiges métalliques du bouquet sous le nœud de raphia et fixez-les avec du fil de fer.

FLEURS SÉCHÉES À OFFRIR

• • •

Voici une très jolie façon d'offrir des fleurs séchées. Présentez-les comme des fleurs fraîches, en un bouquet composé en spirale et prêt à être placé dans un vase.

1 Pour plus de commodité, étalez les différentes fleurs devant vous. Commencez par prendre une protée, puis ajoutez un pied-d'alouette, une pivoine et une amarante en tournant le bouquet.

2 Quand toutes les fleurs ont été incorporées dans le bouquet, liez celui-ci avec du raphia au point de croisement des tiges. Égalisez les tiges en les coupant à un tiers de la hauteur totale.

3 Posez à plat les feuilles de papier de soie. Placez le bouquet dessus en diagonale. Repliez le papier en croisant les deux bords sur les fleurs et liez-le au point d'attache en faisant un beau nœud avec le ruban.

FOURNITURES

. . .

10 boutons de petites protées roses séchés

. . .

10 pieds-d'alouette roses séchés

. . .

10 pivoines roses séchées

. . .

10 amarantes vertes séchées

. . .

raphia

. . .

ciseaux

. . .

2 feuilles de papier de soie bleu

. . .

ruban rose

Cet arrangement floral a l'originalité d'associer dans une gamme de rose foncé des fleurs exotiques et des fleurs de jardin – des protées et des amarantes avec des pivoines et des pieds-d'alouette –, ce qui en fait un superbe cadeau.

BOUQUET DE ROSES POUR DEMOISELLE D'HONNEUR

• • •

Ce magnifique petit bouquet de roses rouge foncé et jaune abricot, accompagnées de menthe fraîche, est destiné à compléter une couronne fleurie. Son aspect velouté est d'un charme incomparable.

FOURNITURES

. . .

5 roses rouge foncé

. . .

5 roses jaune abricot

. . .

20 brins de menthe

. . .

6 feuilles de vigne

. . .

ficelle

. . .

raphia

Orné d'un simple nœud de raphia, ce petit bouquet a la fraîcheur des fleurs à peine cueillies et il est très facile à réaliser.

1 Retirez toutes les épines et les feuilles basses des roses. Prenez une rose, puis ajoutez alternativement deux brins de menthe et une rose. Construisez le bouquet en le tournant, en spirale. Ajoutez les feuilles de vigne en collerette et liez le bouquet avec la ficelle.

2 Égalisez l'extrémité des tiges en les coupant à environ un tiers de la hauteur totale. Nouez le raphia autour du point d'attache en un solide nœud.

COURONNE FLEURIE POUR DEMOISELLE D'HONNEUR

• • •

L'association de couleurs vives donne à cette couronne de forme classique un aspect plus moderne que les fleurs de mariage traditionnelles.

FOURNITURES

. . .

ciseaux

. . .

9 roses rouges

. . .

9 petites bottes de menthe

. . .

9 tiges de roses branchues jaune abricot

. . .

9 petites feuilles de vigne

. . .

8 petites bottes d'églantines

. . .

fil de fer de 0,71 mm

. . .

fil d'argent de 0,38 mm

. . .

Floratape

Les petites branches d'églantine aux fruits rouge orangé donnent plus de consistance à la matière soyeuse des tons rouge et abricot des roses.

1 Coupez toutes les tiges des fleurs à environ 2,5 cm (1 po) de long. Montez chaque rose sur fil de fer. Montez les feuilles de vigne en les fixant avec du fil d'argent. Habillez toutes les tiges métalliques de Floratape. Confectionnez une armature de fil de fer, mesurant environ 4 cm (1 ½ po) de plus que le tour de la tête. Fixez avec le Floratape les fleurs et les feuilles sur cette armature, selon l'ordre suivant : rose, menthe, rose branchue, feuille de vigne, églantine. À mesure que vous garnissez l'armature, courbez-la en cercle. Laissez à la fin un espace libre de 4 cm (1 ½ po), que vous superposez à l'autre extrémité pour refermer le cercle, et recouvrez de Floratape entre les fleurs.

GERBE DE MARIÉE

• • •

Fournitures

. . .

10 lis

. . .

10 Eustoma grandiflorum *crème*

. . .

10 euphorbes blanches

. . .

5 tiges de clochettes d'Irlande

. . .

10 tiges d'asters blancs « Monte Cassino »

. . .

10 tiges de fenouil

. . .

10 longues branches de lierre

. . .

ficelle

. . .

ciseaux

. . .

raphia

Réussir un bouquet de cette importance requiert une certaine expérience, mais on peut le faire plus petit et avec moins de fleurs.

Cette gerbe classique retombe avec grâce. Elle s'organise autour de la splendeur des lis, respectant l'harmonie traditionnelle des nuances de blanc, de crème et de vert.

Ce bouquet semble très naturel et son mouvement spontané avec de longues et élégantes euphorbes ainsi que des asters, qui rehaussent la composition d'ensemble.

1 Étalez les différents éléments pour plus de commodité. Prenez un lis que vous tenez à environ 25 cm (10 po) en dessous de la fleur. Ajoutez les autres fleurs et les branches de lierre, avec régularité, tout en tournant pour ordonner les tiges en spirale.

2 Laissez pendre d'un côté des tiges plus longues et, de l'autre côté, placez des tiges plus courtes pour former le sommet du bouquet. Les tiges étant disposées en spirale, les plus courtes pourront retomber légèrement sur la main, ce qui lui donnera une jolie forme.

3 Quand votre bouquet est fini, liez-le fermement au point d'attache avec la ficelle. Coupez les tiges à 12 cm (4 ¾ po) de l'attache. Si elles étaient plus courtes, le poids du bouquet ne serait pas régulièrement réparti.

4 Nouez le raphia autour du point d'attache et formez un nœud.

PANIER PARFUMÉ POUR DEMOISELLE D'HONNEUR

• • •

Il sera plus agréable pour une jeune demoiselle d'honneur de porter, tout au long de la cérémonie de mariage, un panier fleuri plutôt qu'une gerbe.

Des fleurs simples sont réunies en une combinaison sobre. L'ensemble forme un très joli panier.

FOURNITURES

. . .

petit panier

. . .

Cellophane (ou feuille de plastique)

. . .

1/4 de bloc de mousse synthétique

. . .

couteau

. . .

ruban adhésif de fleuriste

. . .

ruban

. . .

fil d'argent de 0,38 mm

. . .

20 branches de troène panaché de 10 cm (4 po) de long

. . .

6 tubéreuses

. . .

20 freesias « Grace »

1 Tapissez le panier de Cellophane pour le rendre étanche. Égalisez-en les bords. Trempez le bloc de mousse dans l'eau froide, découpez-le aux dimensions du panier et placez-le au centre. Fixez-le avec du ruban adhésif.

2 Formez deux petits nœuds avec le ruban. Attachez au centre de chacun un morceau de fil d'argent dont vous laissez les extrémités pendre derrière. Garnissez l'anse avec le ruban dont vous fixez les deux extrémités avec les tiges d'argent des deux nœuds.

3 Formez l'armature arrondie de l'arrangement floral à l'aide des branches de troène.

4 Coupez les tiges de tubéreuse à environ 9 cm (3 ½ po) de long et répartissez-les suivant une courbe diagonale.

5 Coupez les tiges de freesia à environ 9 cm (3 ½ po) de long et répartissez-les régulièrement dans le panier en enfonçant davantage certaines tiges pour donner plus de profondeur à la composition.

La subtilité des parfums des tubéreuses et des freesias n'est pas le moindre charme de ce joli panier fleuri.

COURONNE PARFUMÉE

• • •

Cette couronne exhale les parfums de l'été et ses couleurs sont d'une grande luminosité. Les jaunes et les tons crème s'accordent aux senteurs des tubéreuses, des freesias et du mimosa.

Cette couronne se pose sur la tête de la mariée ou de la demoiselle d'honneur.

FOURNITURES

. . .

12 petites branches de troène panaché

. . .

fil d'argent de 0,38 mm

. . .

12 petites branches de pommier

. . .

12 petites bottes de mimosa

. . .

12 freesias « Grace »

. . .

12 tubéreuses

. . .

Floratape

. . .

fil de fer de 0,71 mm

L'exécution de cette couronne requiert un peu de temps et de patience pour le montage des éléments sur fil de fer, mais le résultat est gratifiant et, après les festivités, il pourra se conserver. Les fleurs étant assez charnues, il faudra les faire sécher dans du gel de silice.

1 Coupez les branches de troène à 5 cm (2 po) de long et montez-les sur support double avec du fil d'argent. Répétez l'opération pour que vous regroupez les branches de pommier et de mimosa par petits bouquets. Montez sur fil d'argent les fleurs de freesia et de tubéreuse selon la méthode appliquée aux fleurs uniques, puis sur support double de fil d'argent.

2 Habillez toutes les tiges métalliques de Floratape. Confectionnez une armature de fil de fer de 4 cm (1 ½ po) de plus que le tour de la tête, surplus qui restera à nu.

3 Fixez avec le Floratape sur l'armature, dans l'ordre suivant : troène, tubéreuse, mimosa, pommier et freesia. Recourbez l'armature en cercle au fur et à mesure de votre travail.

4 Pour finir, faites chevaucher l'extrémité de l'armature laissée nue sur l'extrémité de départ. Liez-les au Floratape entre les fleurs.

ROSE JAUNE À LA BOUTONNIÈRE

• • •

Cet ornement de boutonnière se caractérise par la vivacité de ses teintes. La rose jaune, entourée d'églantines aux fruits rose orangé et de fenouil vert jaune convient aussi bien à un homme qu'à une femme.

FOURNITURES

. . .

ciseaux

. . .

rose jaune

. . .

fil de fer de 0,71 mm

. . .

5 feuilles de chalef de tailles différentes

. . .

fil d'argent de 0,38 mm

. . .

15 églantines avec leurs feuilles

. . .

branche de fenouil

. . .

Floratape

. . .

fil de cuivre de 0,32 mm

. . .

épingle

Comme tous les ornements de boutonnière, celui-ci requiert un travail de montage sur fil de fer qui demande évidemment un peu de temps. Prévoyez de le réaliser le matin même de la cérémonie.

1 Coupez la tige de la rose à 4 cm (1 ½ po) de long et montez-la sur fil de fer. Montez toutes les feuilles de chalef avec du fil d'argent. Regroupez les églantines, leurs tiges recoupées à 4 cm (1 ½ po) de long, par bottes de cinq montées sur fil d'argent. Montez le fenouil par petites bottes sur fil d'argent. Habillez toutes les tiges de Floratape.

2 Placez la rose au centre et, avec du fil de cuivre, attachez autour les bouquets de fenouil et d'églantines, puis les feuilles de chalef, la plus grande derrière la rose, les deux plus petites devant et les deux moyennes de chaque côté.

3 Égalisez les tiges métalliques à environ 7 cm (2 ½ po) de longueur et habillez-les de Floratape. Recourbez les feuilles de chalef pour qu'elles forment un écrin à la rose et arrangez le bouquet pour qu'il soit bien plat à l'arrière et puisse être fixé avec l'épingle sur le revers d'un col, les fils passés dans la boutonnière.

PEIGNE ORNÉ DE NÉRINES

FOURNITURES

6 fleurs et 3 boutons de nérine

fil d'argent de 0,38 mm

10 fleurs d'hortensia

Floratape

fil de cuivre de 0,32 mm

4 petits bouquets de baies roses

ciseaux

peigne en matière plastique

Pour réussir cet ornement, il faut un peu d'habitude.

Ce superbe peigne séduira la mariée qui n'est pas tenteé par une couronne, moins facile à porter. D'une forme exquise, il associe diverses textures et couleurs dans différents tons de roses : celui soutenu des nérines, celui plus nuancé des hortensias et, enfin, celui des baies.

1 Montez toutes les fleurs et les boutons de nérine sur du fil d'argent Pour les fleurs, recourbez l'extrémité d'un fil d'argent et passez-la dans le cœur des fleurs. Puis montez-les sur double support ainsi que les hortensias. Habillez toutes les tiges métalliques de Floratape.

2 Assemblez les fleurs d'hortensia par deux et faites de même avec les nérines, en mettant un bouton en haut et une fleur plus épanouie légèrement en dessous.

3 Réunissez deux assemblages de nérines, à 2 cm (3/4 po) environ en dessous du point d'attache, avec du fil de cuivre. Joignez-y les assemblages d'hortensias. Pliez ces différentes tiges à l'horizontale d'un côté et de l'autre, les nérines dépassant légèrement des extrémités du peigne, les hortensias légèrement en retrait.

4 Fixez une nérine bien ouverte au centre, le sommet de la fleur à environ 5 cm (2 po) au-dessus de l'attache, comme point d'attraction du regard. Ajoutez fleurs et boutons pour souligner la forme, ainsi que les baies que vous fixez avec du fil de cuivre.

Décoratif et léger, cet ornement de coiffure, très élégant et gracieux, convient parfaitement à une mariée.

5 Quand le montage est terminé, séparez les tiges métalliques en deux groupes, horizontalement. Égalisez les extrémités en les coupant en biais pour les amincir et habillez de Floratape.

6 Posez ces deux groupes sur la partie plate et convexe du peigne et fixez-les en passant le Floratape entre les dents du peigne, sur toute la longueur pour que l'ornement soit bien attaché.

ORNEMENT DE PEIGNE EN FLEURS SÉCHÉES

• • •

Un peigne fleuri est une alternative agréable à la traditionnelle couronne. Cet ornement est presque monochrome, avec des roses blanc crème, des eucalyptus gris argenté, de la lunaire blanche aux reflets d'argent, et des phalaris d'un vert tendre, rehaussé par l'orangé de l'étoile de mer dont la solide forme géométrique contraste avec la délicatesse des fleurs.

FOURNITURES

. . .

ciseaux

. . .

7 roses jaunes séchées

. . .

9 phalaris séchées

. . .

fil d'argent de 0,38 mm

. . .

3 petites étoiles de mer séchées

. . .

9 branches courtes d'eucalyptus

. . .

5 monnaies-du-pape séchées et décolorées

. . .

Floratape

. . .

peigne en matière plastique

1 Coupez les tiges des roses et des phalaris à une longueur de 2 cm (3/4 po), et montez-les sur double support de fil d'argent, ainsi qu'une étoile de mer. Coupez deux branches d'eucalyptus à 6 cm (2 1/4 po) de long et les autres à 4 cm (1 1/2 po) de long et montez-les toutes sur double support de fil d'argent, ainsi que les tiges des monnaies-du-pape. Habillez toutes les tiges métalliques de Floratape. Groupez les fleurs en six assemblages : deux de deux roses, deux de deux phalaris, et deux de deux tiges d'eucalyptus – une de 6 cm (2 1/4 po), l'autre de 4 cm (1 1/4 po), la plus grande en haut.

2 Prenez les bouquets d'eucalyptus et liez-les avec du fil d'argent à environ 2 cm (3/4 po) en dessous du point de jointure. Au niveau de ce point d'attache, pliez les deux branches de façon à former une horizontale légèrement plus longue que la largeur du peigne. Puis, rattachez à cette armature les assemblages de roses et de phalaris, légèrement plus courts que l'eucalyptus, en les pliant de la même manière à gauche et à droite.

3 Placez une rose au centre, à environ 5 cm (2 po) au-dessus du point de jointure. Placez les étoiles de mer et les monnaies-du-pape autour de cette rose et fixez-les avec du fil d'argent. Positionnez les phalaris et les petites tiges d'eucalyptus de manière à renforcer la forme et le profil d'ensemble, et fixez-les avec du fil d'argent.

Cet ornement de peigne est assez délicat à réaliser mais il peut se préparer à l'avance et ses composantes sont, bien sûr, disponibles toute l'année.

4 Séparez les tiges métalliques en deux « pattes » que vous écartez de part et d'autre. Coupez l'extrémité des fils en biais pour les amincir avant de les habiller de Floratape.

5 Posez les deux « pattes » le long de la partie supérieure convexe du peigne sur laquelle vous les fixez en faisant passer le Floratape entre les dents, tout du long, pour bien attacher l'ornement.

DÉCORATION DE PORCHE

• • •

Les mariages et les grandes réunions à la campagne offrent parfois l'occasion de travailler à grande échelle en décorant un porche de maison. S'il peut être composé d'éléments très simples, cet arrangement doit créer un effet particulièrement décoratif.

Ce décor de porche paraît très naturel, comme si les plantes y poussaient spontanément. Des fleurs disparaîtraient dans l'épaisseur du lierre, c'est pourquoi la touche de couleur est apportée ici par le rouge des fruits d'églantine (mais, selon la saison, des rameaux fleuris conviennent tout aussi bien).

FOURNITURES

. . .

sécateurs

. . .

20 poignées de longues tiges de lierre

. . .

ciseaux

. . .

ficelle

. . .

6 grandes branches d'églantine

. . .

raphia

Cette décoration demande du travail mais le résultat, spectaculaire, ne vous décevra pas.

1 Recouvrez abondamment la poutre horizontale du porche de longues branches de lierre, en allant des côtés vers le centre. Attachez à distances régulières le lierre avec de la ficelle.

2 Garnissez ainsi entièrement la poutre de lierre. Puis, toujours en partant des côtés, posez les branches d'églantine sur le lierre en les laissant retomber vers le devant du porche.

3 Attachez solidement ces branches d'églantine avec de la ficelle. Enfin, formez un grand nœud de raphia que vous placez au milieu, éventuellement sur la poutre verticale.

PARURE DE ROBE À LA ROSE DE JARDIN

• • •

FOURNITURES

...

ciseaux

...

8 tiges de feuilles de rosier

...

3 roses : 1 bouton, 1 fleur à peine ouverte et 1 fleur bien épanouie

...

3 petites feuilles de vigne

...

fil d'argent de 0,38 mm

...

Floratape

L'emploi d'une seule fleur, agrémentée de son feuillage et de trois feuilles de vigne, assure l'élégante sobriété de cet ornement.

Cette délicate parure de robe ajoutera une note d'une rare élégance à toute tenue de mariage. Toutefois, n'oubliez pas que les roses de jardin ne fleurissent que durant les mois d'été.

Recoupez les tiges feuillues de rosier : deux à 6 cm (2 ¼ po), deux à 4 cm (1 ½ po) et quatre à 3 cm (1 ⅛ po). Coupez les tiges des roses à 4 cm (1 ½ po) et les tiges des feuilles de vigne à 2,5 cm (1 po), que vous montez sur tige de fil d'argent.

Confectionnez deux assemblages de feuilles de rosier, composés d'une feuille à tige moyenne et d'une feuille à tige longue, et un assemblage de deux roses fermées, l'une en dessous de l'autre.

Prenez un assemblage de feuilles de rosier, posez l'assemblage de roses dessus, de sorte que les feuilles dépassent légèrement de la fleur la plus haute. Liez l'ensemble avec du fil d'argent, à environ 6 cm (2 ¼ po) en dessous de la rose la plus basse.

Ajoutez le second assemblage de feuilles de rosier un peu en dessous et à gauche du premier, puis la rose bien épanouie juste en dessous des autres. Attachez-le tout.

Placez et attachez les feuilles de vigne tout autour, puis les deux feuilles de rosier séparées, légèrement en retrait par rapport à la fleur centrale.

Égalisez l'extrémité des tiges à 5 cm (2 po) en dessous de la fleur centrale, habillez-les de Floratape.

PETITE CORBEILLE DE MARIAGE

• • •

La tradition veut que les dames emportent un petit souvenir du mariage, qui est souvent une pochette de tulle garnie de dragées.

Ce petit panier en forme de cœur, bordé de fleurs fraîches, pourra contenir avec élégance les petites pochettes de tulle.

1 Coupez toutes les fleurs et le feuillage à une longueur de tige d'environ 2,5 cm (1 po) et montez tous les éléments sur double support avec un ou deux fils d'argent, selon le poids de la fleur. Habillez toutes les tiges métalliques de Floratape. Étalez les éléments devant vous pour plus de commodité.

2 Commencez par attacher sur un des côtés du panier, avec du fil de cuivre, une tige de pittosporum, puis posez sur les feuilles un bouton d'alstrœmère suivi d'une rose, ajoutez davantage de pittosporum, puis une renoncule et un bouquet de phlox.

3 Continuez de garnir la moitié du panier selon cet ordre de succession, puis nouez solidement le fil de cuivre et recommencez, en repartant du milieu, dans l'autre sens, en arrêtant bien le fil de cuivre à la fin.

FOURNITURES

. . .

ciseaux

. . .

25 tiges de pittosporum

. . .

10 alstrœmères blancs « Ice cream »

. . .

10 roses branchues blanches « Princess »

. . .

10 renoncules blanches

. . .

10 petites bottes de phlox blancs « Rembrandt » en boutons

. . .

fil d'argent de 0,38 mm

. . .

Floratape

. . .

panier en forme de cœur (à tressage lâche)

. . .

fil de cuivre de 0,32 mm

Placé sur chaque table et garni de dragées, ce panier constitue une très jolie décoration.

PARURE DE ROBE EN ORCHIDÉES

• • •

L'orchidée est une fleur si élégante et noble qu'elle convient parfaitement comme parure de robe, un jour de mariage, notamment pour la mère de la mariée ou du marié.

FOURNITURES

. . .

ciseaux

. . .

7 orchidées branchues

. . .

fil d'argent de 0,38 mm

. . .

5 petites feuilles de vigne vierge

. . .

10 brins de bear grass

. . .

fil de fer de 0,71 mm

. . .

Floratape

Une parure de robe est un ornement qui demande du soin mais dont le résultat est gratifiant, les fleurs étant d'une élégance absolue.

1 Montez chaque orchidée sur double support avec du fil d'argent. Montez les feuilles de vigne vierge en piquant un fil d'argent en travers de la nervure centrale, que vous rabattez ensuite de part et d'autre de celle-ci, et montez fil d'argent et tige naturelle sur double support. Recourbez deux tiges de *bear grass* en une boucle que vous montez sur double support de fil de fer. Préparez ainsi cinq boucles de *bear grass*. Habillez de Floratape toutes les tiges métalliques.

2 Prenez une orchidée entre le pouce et l'index, puis ajoutez une feuille et liez les deux ensemble, 4 cm (1 ½ po) plus bas que la fleur, avec du fil d'argent. Ajoutez enfin les autres éléments, que vous attachez avec du fil d'argent toujours au même point d'attache.

3 En répartissant les éléments, assurez-vous que les boucles de *bear grass*, notamment, et les feuilles sont bien régulièrement réparties.

4 Puis coupez les tiges métalliques à environ 5 cm (2 po) et habillez-les de Floratape. Arrangez délicatement les différents éléments jusqu'à obtenir le meilleur effet.

Cette parure donne un côté glamour à la robe la plus simple.

PANIERS DE ROSES JAUNES

Ces arrangements floraux plairont à de jeunes demoiselles d'honneur car ils sont à la fois plus commodes à porter qu'un bouquet et plus amusants, avec leurs couleurs d'une franche gaieté.

FOURNITURES

POUR CHACUN DES PANIERS :

1/2 bloc de mousse synthétique

couteau

petit panier (tapissé de Cellophane)

10 branches de bouleau d'environ 10 cm (4 po) de long

ciseaux

10 roses jaunes

5 tiges de fenouil

raphia

Les fleurs, humidifiées par la mousse synthétique, resteront fraîches bien après le mariage.

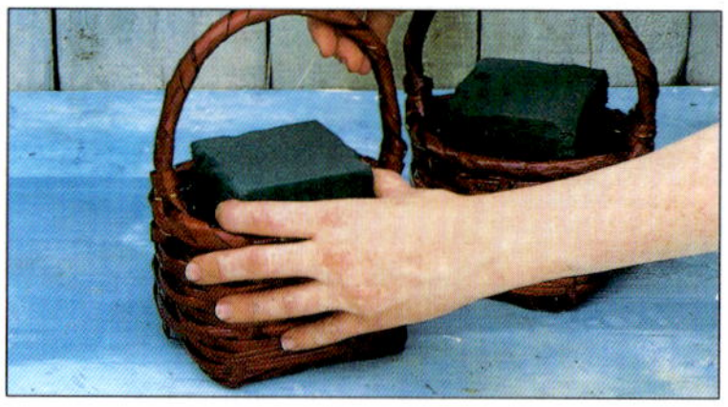

1 Trempez la mousse dans l'eau et découpez-la aux dimensions du panier (si votre panier est plutôt profond, fixez-la avec du ruban adhésif).

2 Retirez le feuilles de bouleau sur 3 cm (1 ½ po) de hauteur et piquez l'extrémité des tiges dans la mousse synthétique, de façon à former un sommet arrondi.

3 Coupez les tiges des roses et du fenouil à 8 cm (3 ¼ po) de long et répartissez-les parmi les feuilles de bouleau.

4 Placez un nœud de raphia à chaque extrémité de l'anse. Coupez le surplus de raphia.

PETIT BOUQUET DE MARIÉE

• • •

Un petit bouquet de fleurs à tige mince est moins imposant et donc plus facile à porter. C'est le cas de celui-ci, qui réunit des roses jaunes, du fenouil jaune citron et des feuilles de bouleau d'un vert très tendre.

FOURNITURES

. . .

ciseaux

. . .

20 roses jaunes

. . .

5 tiges de fenouil

. . .

15 branches feuillues de bouleau

. . .

ficelle

. . .

raphia

1 Ne laissez que 15 cm (6 po) de feuilles aux tiges des roses, retirez les autres ainsi que les épines. Séparez les différents brins de fenouil en tiges d'une seule fleur. Ne laissez que 15 cm (6 po) de feuilles sur les branches de bouleau.

Ce joli petit bouquet, très facile à réaliser, formé en spirale et agrémenté d'un nœud en raphia naturel, sera, pour la mariée, très agréable à porter.

2 Prenez une rose, ajoutez un brin de fenouil, une branche de bouleau, une autre rose, et ainsi de suite tout en tournant le bouquet pour que les tiges se disposent en spirale.

3 Quand toutes les fleurs sont incorporées, liez le bouquet avec de la ficelle au point de croisement des tiges, que vous coupez à environ un tiers de la hauteur totale.

4 Nouez le raphia autour du point d'attache et formez un beau nœud. Coupez le surplus de raphia.

DÉCORATION DE TABLE DE FÊTE

• • •

Une table de fête étant généralement bien garnie, il y reste rarement beaucoup de place pour la décoration ou le seau à glace, que l'on a intégré ici dans l'arrangement floral.

Cette composition associe de somptueuses fleurs jaunes, dorées et blanches, à du feuillage gris et vert. Les piquants des bogues de châtaignes introduisent une variante de texture très intéressante.

FOURNITURES

. . .

couronne de mousse synthétique de 40 cm (16 po) de diamètre

. . .

ciseaux

. . .

12 tiges de séneçon

. . .

15 branches de chalef

. . .

3 groupes de 2 châtaignes dans leur bogue

. . .

fil de fer de 0,71 mm

. . .

gants épais

. . .

18 roses jaunes

. . .

10 Eustoma grandiflorum

. . .

10 verges d'or

. . .

10 brins de fenouil

Cette décoration se dispose autour d'une couronne, au centre de laquelle on pourra placer le seau à glace. La beauté des fleurs, qui se reflétera sur la surface polie de ce beau seau en argent, le mettra en valeur.

1 Trempez la couronne dans l'eau. Coupez les tiges de séneçon à 14 cm (5 ½ po) de long et répartissez-les régulièrement sur toute la couronne, pour former une bordure de feuillage uniforme. Laissez libre le centre de la couronne.

2 Coupez les branches de chalef à 14 cm (5 ½ po) de long environ et répartissez-les parmi le séneçon pour renforcer la couverture végétale, en laissant libre l'emplacement du seau à glace.

3 Montez les châtaignes par groupes de deux sur double support et coupez les tiges de métal à environ 6 cm (2 ¼ po) de long. Les bogues des châtaignes étant très piquantes, munissez-vous, pour les manipuler, de gants suffisamment épais.

4 Placez les groupes de châtaignes sur la couronne, en trois points équidistants, en piquant les pointes des tiges métalliques dans la mousse synthétique.

5 Coupez les tiges des roses à 14 cm (5 ½ po) de long environ et répartissez-les par groupes de trois, en six points équidistants, orientés différemment.

6 Coupez les tiges d'*Eustoma* à 12 cm (4 ³/₄ po) de long sous les inflorescences et répartissez-les dans la composition. Coupez les tiges de verge d'or à 14 cm (5 ¹/₂ po) environ et intégrez-les.
Coupez les tiges de fenouil à 12 cm (4 ³/₄ po) de long et introduisez-les aussi parmi les autres fleurs.

Cette superbe composition fleurie fera une magnifique décoration de table pour un repas de mariage.

COURONNE DE FLEURS SÉCHÉES

• • •

Cette composition de fleurs séchées réunit des teintes douces très raffinées – rose pâle, vert tendre et mauve –, auxquelles les tranches de pommes ajoutent une note originale. Voilà une couronne qui durera plus longtemps que la cérémonie de mariage !

FOURNITURES

. . .

9 pivoines séchées avec leurs feuilles

. . .

27 roses rouges séchées

. . .

fil de fer de 0,71 mm

. . .

fil d'argent de 0,38 mm

. . .

fil de cuivre de 0,32 mm

. . .

27 tranches de pommes séchées

. . .

18 petites branches de ti tree *séché*

. . .

9 petites bottes d'hortensia

. . .

branches d'eucalyptus

. . .

Floratape

L'avantage des fleurs séchées est qu'elles peuvent se préparer tranquillement à l'avance et non pas dans l'affolement du jour J. Cette couronne, qui exige un travail de montage sur fil de fer, ne pose aucun problème d'élaboration.

1 Coupez les tiges des pivoines et des roses à 2,5 cm (1 po) de longueur. Montez sur support double les pivoines avec du fil de fer, les roses avec du fil d'argent. Assemblez les roses par trois avec du fil de cuivre, groupez les tranches de pommes par trois et montez-les sur support double de fil de fer. Coupez les branches de *ti tree*, les tiges d'hortensia et les branches d'eucalyptus à 5 cm (2 po) de long et montez-les sur support double de fil d'argent. Assemblez-les par deux. Habillez toutes les tiges métalliques de Floratape.

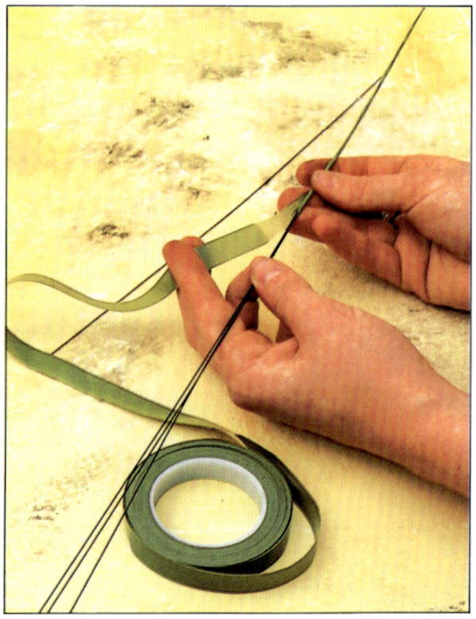

2 Confectionnez une armature de fil de fer, mesurant 4 cm (1 ½ po) de plus que le tour de tête de la mariée.

3 Placez une branche d'eucalyptus à l'une des extrémités de l'armature que vous fixez au Floratape. Puis garnissez cette armature avec, dans l'ordre, une tige d'hortensia, un assemblage de roses, une pivoine et un bouquet de *ti tree*, et poursuivez ainsi la succession d'éléments tout au long de l'armature, en laissant 4 cm (1 ½ po) libres à la fin.

4 Puis fermez la couronne en glissant l'extrémité laissée nue sous l'autre. Liez les deux extrémités au Floratape que vous dissimulez sous les fleurs.

La fraîcheur de cette couronne convient particulièrement à une mariée.

BOULE DE FLEURS SÉCHÉES

. . .

FOURNITURES

. . .

ciseaux

. . .

10 branches d'eucalyptus traitées à la glycérine

. . .

boule de mousse synthétique pour fleurs séchées de 15 cm (6 po) de diamètre

. . .

ruban de 3,5 cm (1 ¼ po) de large

. . .

fil de fer de 0,71 mm

. . .

30 roses roses séchées

. . .

fil d'argent de 0,38 mm

. . .

Floratape

. . .

12 pivoines rose pâle séchées

. . .

12 tranches de pommes séchées

. . .

branche de ti tree *séchée*

L'élaboration de cette boule fleurie exige un peu de temps, mais sa durée de vie sera très longue. Aspergez-la d'essences parfumées et elle embaumera l'atmosphère.

Une boule fleurie rassemble généralement différentes senteurs de fleurs, mais celle-ci est surtout remarquable pour ses qualités visuelles. Elle sera du plus bel effet entre les mains d'une demoiselle d'honneur, mais elle peut aussi se suspendre au-dessus d'un lit ou d'une table de salle à manger.

1 Coupez les branches d'eucalyptus à environ 10 cm (4 po) de long. Assurez-vous que l'extrémité en est bien propre et pointue. Piquez les branches dans la mousse en les répartissant sur toute la surface.

2 Coupez un morceau de ruban assez long. Attachez à chaque extrémité de ce ruban un double support de fil de fer et piquez les deux tiges métalliques dans la boule, pour former une anse.

3 Coupez les tiges des roses à environ 4 cm (1 ½ po) de long et montez-les sur fil de fer. Assemblez-les par trois avec du fil d'argent que vous habillez de Floratape. Coupez les tiges des pivoines à 4 cm (1 ½ po) de long et montez-les sur fil de fer que vous habillez de Floratape. Montez chaque tranche de pomme sur fil de fer.

4 Répartissez régulièrement les pivoines, puis les tranches de pommes parmi les pivoines.

5 Répartissez les assemblages de roses. Coupez la branche de *ti tree* en tiges de 9 cm (3 po) de long et introduisez-les dans les espaces libres. Quand tous les éléments sont incorporés, déplacez-en éventuellement certains pour obtenir le meilleur effet.

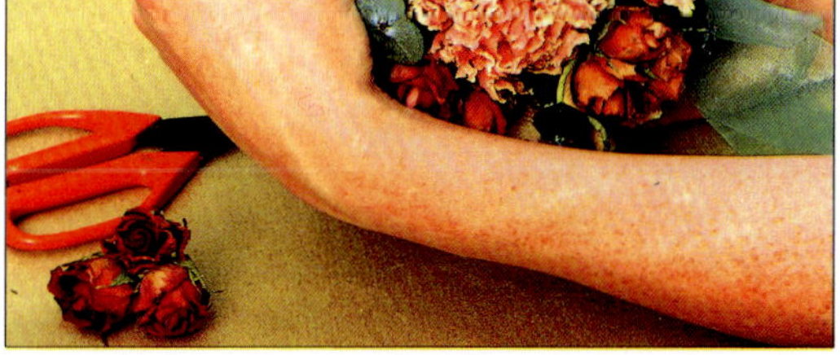

Pour une jeune demoiselle d'honneur, cette boule fleurie sera sans doute plus facile à porter qu'un bouquet.

PARURE DE FLEURS SÉCHÉES

• • •

FOURNITURES

. . .

ciseaux

. . .

2 pivoines séchées

. . .

3 feuilles de pivoine séchées

. . .

fil de fer de 0,71 mm

. . .

fil d'argent de 0,38 mm

. . .

3 tranches de pomme séchées

. . .

3 branchettes de ti tree *séchées*

. . .

3 pieds d'hortensia

. . .

8 roses séchées

. . .

3 petites branches d'eucalyptus séché

. . .

nœud de raphia

. . .

Floratape

. . .

fil de cuivre de 0,32 mm

Si l'on ne souhaite pas le porter en parure de robe, ce petit bouquet peut être tenu à la main, ou orner l'aumônière. On pourra le garder en souvenir après la cérémonie et le parfumer avec des huiles essentielles.

Cette parure convient parfaitement à la mère d'une mariée ou d'un marié car elle se distingue par l'élégance de ses teintes et des textures très variées. Deux pivoines attirent le regard, bordées d'hortensias, de roses, de *ti tree* et d'eucalyptus, l'ensemble étant agrémenté de tranches de pommes séchées.

1 Coupez les tiges des pivoines à 4 cm (1 ½ po) de long et celles des trois feuilles à 10 cm (4 po), 8 cm (3 ¼ po) et 6 cm (2 ¼ po). Montez-les toutes sur double support de fil de fer, à l'exception de la feuille la plus courte, montée sur double support de fil d'argent. Montez aussi les tranches de pomme sur double support de fil de fer. Coupez les branches de *ti tree* à 5 cm (2 po) de long, assemblées par groupe de trois. Montez les hortensias sur double support de fil d'argent.
Coupez les tiges des roses à 2,5 cm (1 po) de long, et les branches d'eucalyptus à environ 4 cm (1 ½ po) de long, et montez-les ensemble sur double support de fil d'argent. Montez le nœud de raphia sur double support de fil d'argent. Habillez toutes les tiges métalliques de Floratape.

2 Prenez les pivoines, les roses, les tranches de pomme et les feuilles de pivoine et composez l'arrangement en attachant chacun des éléments avec du fil de cuivre.

3 Quand tous les éléments sont bien en place, attachez le nœud de raphia en dessous des fleurs et nouez solidement l'ensemble avec du fil de cuivre.

4 Égalisez toutes les tiges à 6 cm (2 ¼ po) de long et habillez-les de Floratape. Redressez éventuellement certains éléments pour obtenir le meilleur effet.

ROSES ET POMMES SÉCHÉES À LA BOUTONNIÈRE

• • •

À certains mariages, on préfère les fleurs séchées aux fraîches, soit parce que les mariés souhaitent garder les bouquets après la cérémonie, soit que, les noces ayant lieu en hiver, les fleurs fraîches sont rares et assez coûteuses.

Cet ornement de boutonnière, destiné au marié ou à un garçon d'honneur, tire son originalité de la juxtaposition de fleurs et de feuillage mais aussi de fruits.

1 Montez les tranches de pomme ensemble sur double support de fil de fer. Montez sur fil de fer chacune des roses coupées à 2,5 cm (1 po) de long. Montez-en la moitié sur double support de fil d'argent, ainsi que les tiges d'hortensia et les branches d'eucalyptus coupées à 5 cm (2 po) de long.

2 Habillez toutes les tiges de Floratape. Prenez les roses et placez les tranches de pomme derrière elles. Puis placez l'hortensia à gauche et attachez toutes les tiges avec du fil de cuivre. Encadrez le bouquet avec l'eucalyptus que vous fixez avec du fil de cuivre.

3 Quand tous les éléments sont en place, coupez les tiges à environ 5 cm (2 po) de long et habillez-les de Floratape. Si necessaire, arrangez différemment les tiges pour obtenir une forme plus harmonieuse.

FOURNITURES

. . .

3 tranches de pomme séchées

. . .

fil de fer de 0,71 mm

. . .

6 roses séchées

. . .

ciseaux

. . .

fil d'argent de 0,38 mm

. . .

petit hortensia séché

. . .

6 petites branches d'eucalyptus traitées à la glycérine

. . .

Floratape

. . .

fil de cuivre de 0,32 mm

Les tranches de pomme ajoutent une texture supplémentaire et une note de gaieté à cet ornement. Aspergez-le de quelques gouttes d'essence de rose pour le parfumer.

BOUQUET DE MARIÉE ROMANTIQUE

• • •

FOURNITURES

. . .

ciseaux

. . .

11 roses blanches séchées

. . .

18 roses roses séchées

. . .

3 pivoines roses séchées

. . .

fil de fer de 0,71 mm

. . .

12 branches d'eucalyptus traitées à la glycérine de 10 cm (4 po) de long

. . .

63 phalaris

. . .

12 tiges de monnaie-du-pape séchée, comportant 5 disques chacune

. . .

fil d'argent de 0,38 mm

. . .

12 petites branches de lin séché

. . .

10 petits hortensias séchés

. . .

Floratape

. . .

fil de cuivre de 0,32 mm

. . .

ruban

Le bouquet romantique à l'ancienne, composé de fleurs fraîches ou séchées, est traditionnellement construit par cercles concentriques, chaque cercle n'étant formé que d'une seule variété de fleur. Ce type d'agencement confère au bouquet un aspect très classique qui convient parfaitement à un mariage.

1 Coupez les tiges des roses et des pivoines à 3 cm (1 1/8 po) de long et montez-les chacune sur support simple de fil de fer. Coupez les branches d'eucalyptus à 10 cm (4 po) de long, retirez-en les feuilles basses sur 3 cm (1 1/8 po) de haut et montez-les sur fil de fer.
Montez les phalaris et les monnaies-du-pape par groupe de cinq sur double support de fil d'argent. Montez chacun de ces assemblages sur support simple de fil de fer pour en prolonger la tige jusqu'à 25 cm (10 po). Procédez de même pour le lin et les hortensias. Habillez de Floratape toutes les tiges métalliques.

2 Prenez une rose blanche et disposez autour les pivoines. Liez les tiges ensemble à 10 cm (4 po) en dessous des fleurs. (N'oubliez pas que ce point d'attache va déterminer la longueur du bouquet car toutes les fleurs devront être attachées à ce même point.)

3 En tournant le bouquet dans la main, formez un premier cercle de roses roses autour des pivoines, que vous liez au point d'attache. Ajoutez un autre cercle en alternant les roses blanches et les hortensias, attachez-les. Chaque cercle de fleurs devra être légèrement en dessous du précédent par rapport à la fleur du milieu, pour former un sommet arrondi.

4 Ajoutez ensuite un cercle de phalaris, suivi d'un cercle de monnaies-du-pape alterné avec les brins de lin. Attachez chaque cercle avec du fil de cuivre au niveau du point d'attache.

L'agencement de ce bouquet de mariée suit à peu de variantes près la composition traditionnelle en cercles concentriques, formés d'une seule variété de fleur. Cet arrangement floral demande naturellement un peu de temps mais la mariée pourra le garder toute sa vie.

5 Terminez avec un cercle de feuilles d'eucalyptus que vous attachez aussi. L'eucalyptus forme une bordure et masque les fils de fer de l'envers du bouquet.

6 Égalisez l'extrémité des tiges métalliques, habillez-les de Floratape, que vous recouvrez d'un ruban selon les explications de la page 18.

GUIRLANDE D'HERBES SÉCHÉES

• • •

FOURNITURES

. . .

botte d'épis de blé séchés

. . .

botte de lin séché

. . .

botte de nigelles naturelles séchées

. . .

botte de phalaris naturels séchés

. . .

ciseaux

. . .

fil de fer de 0,71 mm

. . .

ficelle

. . .

tresse en paille d'environ 60 cm (24 po) de long

. . .

raphia

Si l'élaboration de cette guirlande nécessite un certain travail de montage sur fil de fer, son exécution est agréable et ne présente aucune difficulté.

Cette guirlande, qui réunit des herbes et des graminées séchées, est extrêmement raffinée par ses nuances de couleurs, de textures et son aspect parfaitement naturel.

À la saison de la moisson, elle peut être accrochée le long d'un mur. On peut aussi en suspendre plusieurs à une poutre ou les utiliser pour orner une cheminée.

1 Divisez chaque botte en huit petits bouquets. Coupez les tiges à environ 15 cm (6 po) de long et montez chaque bouquet sur double support de fil de fer.

2 Commencez par attacher avec la ficelle un petit bouquet d'épis de blé en bas de la tresse. Puis, ajoutez-y un bouquet de lin, sur la gauche et chevauchant légèrement le blé, et un de nigelles à droite, chevauchant également le blé. Attachez le tout avec la ficelle. Terminez avec un bouquet de phalaris.

3 Répétez l'opération suivant cet ordre de succession jusqu'à ce que vous ayez utilisé tous les bouquets.

4 Quand le haut de la tresse est atteint, arrêtez la ficelle d'un nœud et coupez les tiges qui dépassent.

5 Formez un nœud avec le raphia, que vous attachez au sommet pour dissimuler la ficelle et les tiges métalliques.

COURONNE DE FIN D'ÉTÉ

• • •

FOURNITURES

...

27 tournesols séchés

...

fil de fer de 0,71 mm

...

Floratape

...

30 morceaux de champignons séchés (de tailles différentes)

...

ciseaux

...

3 épis de maïs séchés

...

grande couronne de sarments de vigne

...

raphia

L'époque de la moisson apporte ses fruits, ses légumes et ses épis de maïs, que cette couronne réunit. Ici, les épis de maïs s'accompagnent de champignons d'automne et de tournesols qui rappellent les chaudes journées de la saison finissante.

1 Montez chaque tournesol sur support simple de fil de fer. Habillez les tiges de Floratape et assemblez-les par trois, puis montez chaque assemblage sur double support que vous habillez aussi de Floratape. Montez sur double support de fil de fer les morceaux de champignons. Laissez ces fils à nu.

2 Groupez les épis de maïs dans la partie inférieure de la couronne, en glissant leurs tiges entre les sarments, de biais. Attachez-les avec du fil de fer.

3 Répartissez les tournesols en enroulant leurs tiges métalliques autour des sarments de vigne, orientés soit vers l'extérieur soit vers l'intérieur.

4 Fixez les champignons par deux ou trois entre les tournesols et les épis de maïs, le plus gros morceau en bas et par ordre décroissant de taille vers le haut. Fixez-les en enfilant les tiges entre les sarments et en les nouant par-derrière.

5 Formez un beau nœud de raphia que vous attachez sur le devant, par-dessus les tiges d'épis de maïs qu'il dissimule.

La dimension des éléments de cette couronne lui donne un relief exceptionnel et beaucoup d'originalité.

BOUQUET D'AUTOMNE

Ce flamboyant bouquet aux tons d'automne mérite une place de choix dans une grande pièce ou une vaste entrée. Il réunit de longues tiges de muflier de deux couleurs différentes, des amours-en-cage, de rouges kniphofias et des lis orangés qui ressortent sur du feuillage d'automne.

FOURNITURES

ciseaux

15 branches minces garnies de feuillage d'automne

grand vase en céramique

10 amours-en-cage

10 kniphofias rouges

10 tiges de lis orangés « Avignon »

20 mufliers

Voici un très bel exemple de bouquet présenté sans le soutien d'aucune mousse synthétique ni grillage métallique. On pourra l'entourer, pour compléter la décoration, de calebasses et de coloquintes éclairées par des bougies.

1 Coupez l'extrémité des branches des feuillages en biais, arrachez l'écorce sur environ 5 cm (2 po) de haut et fendez la tige sur 5 cm (2 po). Remplissez le vase d'eau et disposez le feuillage en éventail pour définir les contours du bouquet. Pour lui donner plus de profondeur, placez les branches les plus courtes vers l'avant.

2 Retirez les tiges basses des amours-en-cage et répartissez-les de manière à renforcer la forme générale du bouquet. Répartissez aussi les kniphofias, les plus hautes tiges à l'arrière et par ordre décroissant de taille vers l'avant.

3 Retirez les feuilles basses des lis et répartissez-les régulièrement dans tout le bouquet, les fleurs les plus hautes et fermées à l'arrière, les plus basses et épanouies au milieu et vers l'avant. Retirez les feuilles basses des tiges de muflier et incorporez-les régulièrement au bouquet.

BOUGEOIR DE CANNELLE

• • •

Souvent, à la période de l'Avent, les bougies sont marquées de traits horizontaux qui permettent de les faire brûler un peu chaque jour, jusqu'à Noël. Ici, ce sont vingt-cinq bâtons de cannelle, qui, disposés en escalier, indiquent le passage des jours du 1er au 25 décembre.

FOURNITURES

. . .

25 bâtons de cannelle

. . .

bougie de 7,5 x 23 cm (3 x 9 po)

. . .

raphia

. . .

ciseaux

. . .

couronne de mousse synthétique pour fleurs séchées de 10 cm (4 po) de diamètre

. . .

fil de fer de 0,71 mm

. . .

lichen

. . .

20 roses rouges

. . .

colle liquide

La chaleur de la flamme dégage une douce odeur de cannelle et les roses rouges complètent la richesse décorative de ce bougeoir.

1 Liez les bâtons de cannelle autour de la bougie avec le raphia.

2 Faites glisser les bâtons de cannelle à des hauteurs décroissant progressivement, le sommet du dernier devant se trouver à 6 cm (2 1/4 po) de la base de la bougie. Attachez bien les bâtons en deux endroits avec le raphia et coupez toutes les extrémités qui dépassent de la base de la bougie.

3 Placez la bougie entourée de ses bâtons de cannelle au milieu de la couronne. Avec les fils de fer pliés en épingles à cheveux, piquez le lichen de sorte qu'il recouvre entièrement la mousse synthétique.

4 Coupez les tiges des roses à environ 2,5 cm (1 po) de long. Posez une goutte de colle à l'extrémité et le long des tiges que vous piquez dans la couronne à travers le lichen, autour de la bougie.

URNE D'ANÉMONES

• • •

FOURNITURES

. . .

petite urne en fonte

. . .

Cellophane (ou feuille de plastique)

. . .

morceau de mousse synthétique

. . .

ruban adhésif floral

. . .

ciseaux

. . .

botte de laurier-tin chargé de baies

. . .

10 roses vermillon vif

. . .

20 anémones bleues « Mona Lisa »

L'atmosphère de Noël se retrouve pleinement dans la patine de l'urne dans laquelle ce flamboyant bouquet est placé.

Ce splendide bouquet offre des teintes plus originales que les rouges et verts traditionnels de Noël. Il associe le vermillon des roses au violet des anémones et au bleu métallisé des baies de laurier-tin, combinaison de tons inoubliable.

1 Tapissez l'urne de Cellophane. Trempez la mousse synthétique dans l'eau et placez-la dans l'urne, fixée avec du ruban adhésif. Égalisez les bords de la Cellophane tout autour.

2 Nettoyez les feuilles de laurier-tin et disposez-les de manière à former une armature de feuillage, au sommet arrondi, servant de cadre au bouquet.

3 Répartissez les roses les plus épanouies environ aux deux tiers de la hauteur totale du bouquet et les boutons vers le haut.

4 Ajoutez les anémones, régulièrement réparties dans tout le bouquet, de façon à lui donner un profil de dôme arrondi.

Couronne de tulipes blanches et de houx

• • •

La présence inhabituelle de tulipes blanches ajoute une note de fraîcheur et de luminosité raffinée à cette décoration de Noël : coussin de fleurs blanches, parsemé du vert des feuilles et du rouge chaud des baies, qui peut orner la porte de la maison ou servir de centre de table.

Fournitures

. . .

couronne de mousse synthétique

. . .

100 tulipes

. . .

feuilles de houx

. . .

12 branches de houx chargées de baies

1 Trempez la couronne dans l'eau. Coupez les tiges des tulipes à environ 3 cm (1 1/8 po) de long. En commençant par le centre, recouvrez entièrement le dessus de la couronne avec les tulipes.

2 Comblez tous les espaces vides et le bord extérieur de la couronne avec des feuilles de houx. En bordure, aplatissez-les légèrement à l'horizontale. (Vous pouvez éventuellement les fixer avec du fil de fer.)

3 Coupez les branches de houx portant des baies à environ 4 cm (1 1/2 po) de long et répartissez-les en deux cercles concentriques, l'un tourné vers le centre, l'autre vers l'extérieur. Assurez-vous qu'il ne reste plus aucun espace libre.

Les tiges des tulipes sont entièrement dissimulées dans la mousse synthétique, bien serrées, de sorte que seules les corolles dépassent.

DÉCORATIONS DE GÂTEAUX DE NOËL

• • •

Si cette année vous avez envie de changer de décorations de Noël et d'abandonner les petits sapins et les bûcherons en plastique, osez donc utiliser des matériaux naturels ! Agrémenté de bougies, cet arrangement restera inoubliable.

1 Entourez le pourtour de chaque gâteau de ruban, que vous fixez avec du Scotch. Ajoutez un nœud de ficelle dorée sur le devant, à la fois décoratif et utile puisqu'il maintiendra le ruban.

2 Posez les gâteaux sur le compotier et entourez-les de baies de canneberge et de pommes de pin. Détachez les pétales des roses et des tulipes pour les parsemer sur le dessus. Répartissez également les feuilles de camélia. Saupoudrez de paillettes dorées et placez les trois bougies entre les gâteaux.

FOURNITURES

. . .

3 gâteaux ronds de 10 cm (4 po) de diamètre

. . .

ciseaux

. . .

ruban de 7,5 cm (3 po) de large environ

. . .

Scotch

. . .

ficelle dorée

. . .

large compotier

. . .

poignée de baies de canneberge

. . .

petites pommes de pin

. . .

7 roses rouges

. . .

4 tulipes violettes

. . .

feuilles de camélia

. . .

paillettes dorées

. . .

3 bougies dans leur bougeoir

Plutôt que d'utiliser un gros gâteau, cette décoration s'organise autour de trois pâtisseries qui participent de l'agencement de l'ensemble. La riche gamme colorée des fleurs, des fruits et de la garniture s'accorde superbement à la flamme des bougies.

COURONNE DE CLÉMENTINES

• • •

Cette chaleureuse couronne de Noël possède, grâce à ses couleurs et à son agencement géométrique, un aspect très moderne. Le houx et le gui ont ici fait place à des clémentines, à des baies et à du feuillage. Cette composition dégage, en outre, un agréable parfum que l'on peut même rehausser en employant des feuilles de laurier et des herbes aromatiques plutôt que du lierre.

FOURNITURES

. . .

27 clémentines

. . .

fil de fer de 0,71 mm

. . .

couronne de mousse synthétique de 30 cm (12 po) de diamètre

. . .

baies et feuillage de buisson-ardent

. . .

feuilles de lierre

Cette couronne sera du plus bel effet accrochée sur une porte ou un mur. Elle peut aussi servir de décoration de table. C'est un arrangement très facile à réaliser, mais qui est assez lourd. Si vous l'accrochez, assurez-vous de la solidité du crochet.

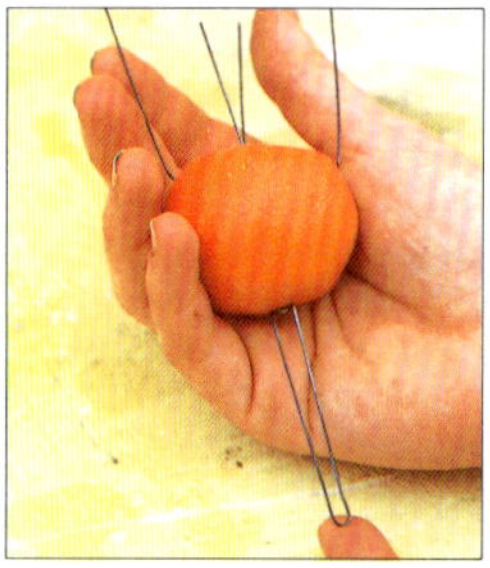

1 Piquez en travers de chaque clémentine un fil de fer dont vous rabattez les deux extrémités de chaque côté. Pliez un autre fil de fer en épingle à cheveux dont vous enfilez les deux tiges dans la clémentine, de manière à ce que la pliure touche le fruit. Coupez toutes les tiges à 4 cm (1 ½ po) de long.

2 Trempez la couronne de mousse synthétique dans l'eau. Disposez les clémentines bien serrées sur le dessus en piquant leurs quatre tiges métalliques dans la mousse. Puis formez un deuxième cercle à l'intérieur du premier.

3 Divisez les branches de buisson-ardent en petits bouquets d'environ 6 cm (2 ¼ po) de longueur de tiges et répartissez-les en deux rangées, l'une en bordure et l'autre entre les rangs de clémentines.

4 Coupez les feuilles de lierre en tiges individuelles de 7 cm (2 ¾ po) de long, que vous piquez dans la mousse entre les clémentines.

GUI DE L'AN NEUF

• • •

FOURNITURES

. . .

7 branches de houx chargées uniquement de baies

. . .

grosse boule de gui

. . .

ficelle

. . .

couronne en jonc tressé

. . .

ciseaux

. . .

rouleau de ruban écossais

De construction très simple, cet arrangement nécessite une bonne quantité de gui frais, qui durera durant toute la période des fêtes.

Au lieu d'accrocher une simple boule de gui au plafond, pourquoi ne pas préparer une véritable couronne traditionnelle ? Elle servira de décoration de Noël et quel plaisir ensuite de s'embrasser dessous !

1 Divisez les branches de houx en tiges d'environ 18 cm (7 po) de longueur. Divisez le gui en quartorze branches bien fournies et réunissez les petites tiges en bouquets que vous liez avec de la ficelle. Attachez une branche de houx à l'extérieur de la couronne avec de la ficelle. Joignez-y une branche de gui qui chevauche d'un tiers le houx. Puis ajoutez une autre branche de houx qui chevauche à son tour le gui.

2 Continuez ainsi jusqu'à garnir entièrement l'extérieur de la couronne. Coupez quatre longueurs de ruban d'environ 60 cm (24 po) de long. Attachez ces quatre extrémités de ruban à la couronne en quatre points équidistants et liez-les toutes au-dessus en un nœud qui vous permettra de la suspendre.

CENTRE DE TABLE DE NOËL

• • •

Rien de plus agréable que d'admirer, sur une table débordant de mets succulents, une décoration florale qui comporte des bougies.

Ce riche arrangement est une fête pour les yeux. Il réunit les rouges et les verts des anémones, des renoncules et du houx de saison, adoucis par l'argent du lichen, qui recouvre les branches de mélèze, et le romarin.

1 Trempez la mousse synthétique dans l'eau et calez-la dans la corbeille de fil de fer. Il vous faudra éventuellement la rogner un peu, mais juste ce qu'il faut pour qu'elle s'encastre dans la corbeille.

2 Avec le romarin, le mélèze et le houx, composez un fond de feuillage régulier sur toute la couronne, en veillant à ce que les branches extérieures soient plus courtes que celles du centre.

3 Coupez les tiges des anémones et des renoncules à 7,5 cm (3 po) de long. Répartissez-les régulièrement en ménageant un peu d'espace autour des bougeoirs. Ornez d'un nœud de ruban chacune des bougies que vous placez dans le bougeoir.

FOURNITURES

...

couronne de mousse synthétique de 25 cm (10 po) de diamètre

...

corbeille en fil de fer de 25 cm (10 po) de diamètre avec bougeoirs

...

10 brins de romarin

...

10 petites branches de mélèze recouvertes de lichen

...

10 petites branches de houx

...

30 anémones rouges « Mona Lisa »

...

30 renoncules rouges

...

rouleau de ruban de papier

...

4 bougies

L'emplacement libre au milieu est l'endroit idéal pour dissimuler les petits cadeaux-surprises du réveillon !

DÉCORATIONS D'ARBRE DE NOËL

• • •

Plus originales que celles que l'on vend dans le commerce, ces décorations utilisent des matériaux qui servent habituellement à la composition florale. Elles sont simplement rehaussées de ficelle dorée et de paillettes scintillantes.

FOURNITURES

. . .

POUR LES ÉTOILES ET LES SAPINS DE NOËL :
couteau

. . .

morceau de mousse synthétique pour fleurs séchées

. . .

emporte-pièces pour la pâtisserie

. . .

sac en plastique

. . .

lavande séchée

. . .

poudre dorée

. . .

colle liquide

. . .

pétales de roses et de tulipes

. . .

baies de canneberge (ou de fragon)

. . .

ciseaux

. . .

cordelette dorée

. . .

POUR LA DÉCORATION DE FRUITS SECS :
oranges et citrons verts séchés

. . .

cordelette dorée

. . .

colle liquide

. . .

roses jaunes et rouges séchées

. . .

bâton de cannelle

1 Pour les étoiles et les petits sapins, découpez le morceau de mousse synthétique en tranches d'environ 3 cm (1 po) d'épaisseur. À l'aide des emporte-pièces, découpez les formes d'étoiles et de sapins. Dans un sac en plastique, mélangez les fleurs de lavande avec deux cuillerées de poudre dorée, secouez bien. Enduisez généreusement de colle la surface des formes en mousse.

2 Mettez les formes enduites de colle dans le sac et secouez bien. Vous pouvez aussi coller quelques pétales de roses ou de tulipes avant de les placer dans le sac. Autre variante, collez une baie de canneberge au milieu de la forme avant de la plonger dans le sac. Percez la forme d'un petit trou, dans lequel vous passez un morceau de cordelette dorée.

3 Pour les fruits secs, nouez autour des fruits une cordelette dorée. Croisez la cordelette en dessous du fruit pour la nouer sur le dessus et former une boucle. Déposez une pointe de colle à la base d'une rose que vous collez sur le dessus du fruit, sur le nœud. Puis, collez deux ou trois petits morceaux de cannelle à côté de la rose.

CORBEILLE DE NOËL

• • •

FOURNITURES

. . .

ciseaux

. . .

15 roses rouges séchées

. . .

15 nigelles d'Espagne

. . .

fil d'argent de 0,38 mm

. . .

15 petites feuilles de hêtre traitées à la glycérine

. . .

75 petits bâtons de cannelle de 5 cm (2 po) de long environ

. . .

cordelette dorée

. . .

fil de fer de 0,71 mm

. . .

15 petites bottes de lin séché

. . .

Floratape

. . .

urne en fil de fer

. . .

fil de cuivre de 0,32 mm

. . .

oranges et citrons verts séchés

. . .

poudre dorée

Cette urne peut se garnir de toutes sortes de friandises de Noël et décorer une table ou orner un buffet durant toute la période des fêtes.

De vieux objets trouvés dans une maison sont parfois l'occasion, avec un peu d'imagination, d'en créer de nouveaux. C'est le cas de cette urne ancienne en fil de fer, transformée en corbeille pour fruits secs.

1 Coupez les tiges des roses et des nigelles à 2,5 cm (1 po) de long et montez-les chacune sur double support de fil d'argent. Montez les feuilles de hêtre sur du fil d'argent. Liez les bâtonnets de cannelle par cinq avec la cordelette dorée. Introduisez un fil d'argent entre les bâtons que vous tortillez autour, sous la cordelette. Montez sur double support de fil de fer les petits bouquets de lin.

2 Habillez de Floratape toutes les tiges métalliques. Placez sur le bord de l'urne un bouquet de lin, que vous attachez avec du fil de cuivre en passant celui-ci entre les mailles de fil de fer et autour de la tige de lin. Attachez de la même façon une rose, qui chevauche légèrement le lin, puis une nigelle, une feuille de hêtre et un paquet de cannelle à la suite.

3 Garnissez ainsi tout le pourtour de l'urne, de sorte que chaque élément chevauche légèrement le précédent. Assurez-vous que les éléments sont bien serrés et ne laissent aucun espace vide. Puis passez plusieurs fois le fil de cuivre entre les mailles de fil de fer pour bien l'arrêter. Remplissez l'urne d'oranges et de citrons verts séchés que vous saupoudrez de poudre dorée.

DÉCOR POUR QUATRE BOUGIES

• • •

Un bougeoir, pour la période de l'Avent notamment, comporte nécessairement quatre bougies, une pour chacun des dimanches qui précèdent Noël. Celui-ci est bâti à partir d'une couronne d'aiguilles de pin rehaussée de fruits et d'épices.

1 Fixez les quatre bougies sur la couronne, à égale distance les unes des autres, en coupant quelques aiguilles de pin. Après avoir déposé une pointe de colle à la base de la bougie, appuyez celle-ci sur la couronne en maintenant quelques secondes votre pression. Autour de chaque bougie, collez un assortiment d'éléments. Les bâtons de cannelle et les tranches d'oranges sont plus jolis groupés.

2 Vérifiez que chaque bougie dispose de suffisamment d'éléments à sa base.

3 Confectionnez quatre nœuds de ruban. Repliez un fil de fer en leur milieu et fixez-les à la couronne en tortillant ces deux tiges de fil autour de celle-ci et derrière, entre les bougies. Veillez à ce que les fils ne touchent pas les bougies.

FOURNITURES

...

4 grosses bougies

...

couronne d'aiguilles de pin

...

ciseaux

...

pistolet à colle et recharges de colle

...

16 bâtonnets de cannelle

...

12 tranches d'oranges séchées

...

4 clémentines fraîches

...

6 citrons verts séchés incisés

...

5 oranges entières séchées

...

4 pommes de pin

...

4 capsules d'amour-en-cage

...

ruban

...

fil de fer de 0,71 mm

Cette couronne n'est pas difficile à réaliser et elle peut décorer une table ou être suspendue dans une entrée.

PYRAMIDE DE FIGUES DORÉES

• • •

FOURNITURES

. . .

cône de mousse synthétique pour fleurs séchées d'environ 25 cm (10 po) de haut

. . .

pot de fleurs en terre cuite doré

. . .

colle

. . .

40 figues fraîches

. . .

peinture dorée

. . .

ciseaux

. . .

fil de fer de 0,71 mm

. . .

50 feuilles de lierre

Cet arrangement est d'un effet bien supérieur à ce que pourrait laisser prévoir sa simplicité d'exécution.

Cet étalage fastueux de figues convient à la décoration d'une table de fête. Le doré, sur le violet sombre de fruits superposés, crée une impression de richesse tout à la fois éclatante et sobre.

1 Assurez-vous que le cône de mousse synthétique est bien calé dans le pot. Pour plus de sécurité, déposez une goutte de colle à la base du cône. Dorez les figues d'un seul côté, en étalant la peinture avec le doigt.

2 Montez les figues sur fil de fer en enfilant la tige en travers du fruit à environ 2,5 cm (1 po) au-dessus de la base et rabattez les deux extrémités de la tige à la verticale.

3 Garnissez le cône de figues en plantant les tiges métalliques dans la mousse. Superposez les rangées concentriques de fruits en partant du bas.

4 Placez une dernière figue au sommet, la queue tournée vers le haut pour prolonger la forme conique de l'ensemble.

5 Pliez le fil de fer en épingles à cheveux et piquez des feuilles de lierre entre les figues pour combler tout espace vide.

INDEX

Notes

Notes

Notes

Notes

NOTES

Notes

Notes

Notes